Königlich Italienischer Generalstab (Hg.)

Allgemeine Regeln für die Verwendung der drei Waffen im Gefecht

Königlich Italienischer Generalstab (Hg.)

Allgemeine Regeln für die Verwendung der drei Waffen im Gefecht

---

ISBN/EAN: 9783845720630
Erscheinungsjahr: 2011
Erscheinungsort: Bremen, Deutschland

www.unikum-verlag.de | office@unikum-verlag.de

Königlich Italienischer Generalstab (Hg.)

Allgemeine Regeln für die Verwendung der drei Waffen im Gefecht

Allgemeine Regeln

für die

Verwendung der drei Waffen

im Gefecht.

Herausgegeben vom Königlich Italienischen Generalstabe.

Uebersetzt von

v. Bruchhausen,
Premierlieutenant.

Berlin 1889.
Ernst Siegfried Mittler und Sohn
Königliche Hofbuchhandlung
Kochstraße 68—70.

Inhalts-Verzeichniß.

Seite

Vorwort des Uebersetzers V

Vorbemerkung 1

Marschordnung einer Division (Nr. 1 bis 7) 1

Aufgabe der Avantgarde, wenn der Feind gemeldet ist (Allgemeines Nr. 11 bis 16; Kavallerie Nr. 8 bis 10 und 17; Artillerie Nr. 16; Genie-Kompagnie Nr. 18) 3

Maßnahmen des Gros der Division, wenn der Feind gemeldet ist (Nr. 19 bis 25) 8

Uebergang von der Aufstellung in zusammengezogener Ordnung zur Offensive und Entwickelung des Angriffs einer Division, die in größerem Verbande kämpft (Vortheile der Offensive Nr. 26; Artillerie Nr. 27 bis 29, 36, 42 und 43; Aufmarsch, Treffengliederung, Frontbreite, Abstände der Infanterie Nr. 30 bis 34; Kavallerie Nr. 35 und 47; Durchführung des Angriffs Nr. 37 und 38; Anlauf Nr. 39; die hinteren Treffen beim Angriff Nr. 40 und 41; nach dem Einbruch Nr. 44 und 45; Allgemeines über Infanteriefeuer Nr. 46; Allgemeines über Kavallerie-Attacken Nr. 48; abgewiesener Angriff Nr. 49) 11

Besondere Regeln für die Entwickelung des Angriffs der auf einem Flügel kämpfenden Division (Nr. 50 und 51) 24

Besondere Regeln für die Entwickelung des Angriffs einer selbstständig kämpfenden Division (Allgemeines, Ansetzen des Angriffs Nr. 52 bis 54; Flankenangriff Nr. 55 und 56; Kavallerie Nr. 57 bis 64) 25

Uebergang von der Aufstellung in zusammengezogener Ordnung zur Defensive und Entwickelung der Defensive einer Division, die in größerem Verbande kämpft (Allgemeines Nr. 65 und 66; Aufgaben der Avantgarde Nr. 67 und 68; Kavallerie Nr. 69 und 76; Artillerie Nr. 70, 71, 77 und 84; Infanterie Nr. 72 bis 75 und 78 bis 83; nach abgeschlagenem Angriff Nr. 85) 30

Seite

Besondere Regeln für die Defensive einer Flügel-Division (Artillerie Nr. 86; Infanterie Nr. 87; Kavallerie Nr. 88) 35

Besondere Regeln für das Gefecht einer selbstständig kämpfenden Division (Artillerie Nr. 89; Infanterie Nr. 90; Kavallerie Nr. 91) . . 36

Besondere Regeln für die Besetzung von Stellungen außerhalb des Berührungsbereichs mit dem Gegner (Allgemeines Nr. 92 bis 94 und 99; Kavallerie Nr. 95; Vorposten bezw. vorgeschobene Posten Nr. 96 bis 98) 37

Verfolgung und Rückzug (Nr. 100 bis 106) 40

Allgemeine Regeln für die Verwendung starker Kavalleriekörper in Verbindung mit reitender Artillerie (Allgemeines Nr. 107; Gliederung und Attacken der Kavallerie Nr. 108 bis 121; die reitende Artillerie Nr. 122 bis 130; Pflichten des Kommandeurs eines größeren Kavalleriekörpers Nr. 131 bis 133; Defilees Nr. 134 bis 136; Fußgefecht Nr. 137 bis 141) 43

Vorwort.

Die in Nachfolgendem übersetzten „Allgemeinen Regeln“ u. s. w. stellen einen Abriß der Taktik der drei Waffen in kurzer und faßlicher Form dar. Nacheinander sind die verschiedenen Lagen betrachtet, in denen eine Division — selbstständig wie in größerem Verbande — kämpfen kann. Hierbei werden aber stets nur allgemeine Regeln gegeben, so daß nicht eigentlich eine „Fall-Taktik“, wenn wir so sagen dürfen, vorliegt. Wer die gegebenen Regeln zu seinem geistigen Eigenthum macht, wird den allergrößten Nutzen aus ihnen ziehen; nicht aber derjenige, welcher, der Wirklichkeit gegenübergestellt, in seinem Gedächtniß nach dem für den betreffenden Fall vorgesehenen Muster sucht.

Wie aus der beigefügten Ordre de bataille ersichtlich wird, ist die italienische Division in fast gleicher Weise gegliedert, wie die deutsche; zudem sind die „Regeln“, wie auch in der Vorbemerkung ausdrücklich betont, so gefaßt, daß sie auf jede größere oder kleinere, aus gemischten Waffen bestehende Abtheilung ohne Weiteres anwendbar sind. Die taktischen Grundanschauungen der „Regeln“ dürften zu den bei uns herrschenden an keiner Stelle in Widerspruch stehen. Der deutsche Offizier vermag also aus ihnen dieselbe Belehrung zu schöpfen, wie der italienische.

Noch ein Wort über die Vorgeschichte der „Allgemeinen Regeln“. Sie erschienen zum ersten Male im Jahre 1885 und sollten damals ohne streng reglementarischen Charakter an die

Stelle der bis dahin gültigen Dienstvorschrift: „Regeln für die Infanterie-Division im Gefecht“ treten. Im Jahre 1887 erschien eine neue (die vorliegende) Ausgabe. Hatte sich die frühere als einfache Studie (semplice studio) bezeichnet, so die neue als einfache Anleitung (semplice guida). Wesentliche Abänderungen der neuen „Regeln“ gegen die alten sind: ein stärkeres Betonen der Vorzüge der Offensive; Berücksichtigung der Bewaffnung mit Magazin-Gewehren und Aufnahme eines besonderen Abschnitts über die Verwendung größerer Kavalleriekörper.

Der Uebersetzer hat nur diejenigen Fremdwörter angewendet, die auch in den deutschen Dienstvorschriften erhalten geblieben sind. Zur Bezeichnung der Gliederung der Truppen sind einige Male die entsprechenden bei uns üblichen Kolonnen-Benennungen angewandt.

v. B.

Vorbemerkung.

Die nachfolgenden „Allgemeinen Regeln" sind nur als einfache Anleitung (guida) zu betrachten, da die Truppenführer in der Wahl des einzuschlagenden Weges unbedingt volle Freiheit behalten müssen. Hierbei bleiben die Eigenart des Geländes, die Marschordnung und die sonstigen Verhältnisse, welche auf den Verlauf eines Gefechtes von Einfluß sein können, zu berücksichtigen.

Es erschien zweckmäßig, diese Regeln unter Zugrundelegung einer bestimmten Truppeneinheit aufzustellen, und wurde hierzu die Division, für gewöhnlich die taktische Einheit der drei Waffen, gewählt. Dies schließt jedoch nicht aus, daß die Regeln auf jede aus den drei Waffen bestehende Einheit anzuwenden sind.

Die Gliederung der Division ergiebt sich aus der angeschlossenen graphischen Ordre de bataille (Tafel I).

Die allgemeinen Regeln für die Verwendung starker Kavalleriekörper mit reitender Artillerie sind in einem besonderen Abschnitt behandelt.

Marschordnung einer Division.

1. Für gewöhnlich gliedert sich eine Division, die auf einer Straße mit der Wahrscheinlichkeit frontalen Auftreffens auf den Feind marschirt, in die folgenden Staffeln (scaglioni):

a) **Aufklärende Kavallerie,**
b) **Avantgarde,**
c) **Gros,**
d) **Arrieregarde.**

2. Die gesammte Divisions-Kavallerie wird, ausgenommen zwei Züge, von denen in Nr. 3 die Rede ist, zur Aufklärung mit dem Auftrage vorgesandt, den Marsch der Division zu sichern, den Feind zu entdecken und seine Absichten und Stärke zu erkunden.

Sie bewegt sich einige Kilometer vor der Spitze der Avantgarde.

Bevor der Führer der aufklärenden Kavallerie den Vormarsch antritt, werden ihm vom Divisionskommandeur alle Nachrichten und Anweisungen mitgetheilt, welche für eine sachgemäße, der Lage entsprechende Aufklärung sowie zur Erreichung des angestrebten Zwecks von Werth sind.*)

3. Die Avantgarde, welche in der Regel unter den Befehl des Kommandeurs der vordersten Brigade gestellt wird, besteht gewöhnlich aus:

1 Zug Kavallerie,
1 Infanterie-Regiment,
1 Batterie,
1 Sappeur-Kompagnie vom Genie-Korps.

Patrouillen zur Sicherung der Flanken oder zur Verbindung mit seitlich marschirenden Kolonnen werden von diesem Kavalleriezuge gestellt.

Ein anderer Kavalleriezug, der für gewöhnlich an der Spitze des Gros marschirt, hat gleichfalls für die Sicherung der Flanken und für die Verbindung mit Seitenkolonnen sowie zwischen der Spitze des Gros und dem Ende der Avantgarde zu sorgen.

4. Die Arrieregarde besteht aus einer Infanterie-Kompagnie, die von dem zuletzt marschirenden Regiment der Division gestellt wird. Sie deckt die erste Staffel der Fahrzeuge, gebildet von der Sanitäts-Abtheilung, dem Artillerie-Park und dem Divisions-Brückentrain.

---

*) Auch wenn sich weiter vorwärts selbstständige Kavallerie befindet, muß die Kolonne unbedingt den größten Theil ihrer Kavallerie zur Aufklärung vorsenden, da es nicht zu den Aufgaben der vor dem Heere (in avanscoperta) befindlichen Kavallerie gehört, für die Sicherheit jeder einzelnen Kolonne Sorge zu tragen.

5. Die Normal-Marschordnung der Truppen im Divisionsverbande ist aus der angeschlossenen graphischen Uebersicht zu ersehen (Tafel II).

Hierin ist der Artillerie — sowohl bei der Avantgarde wie auch beim Gros — ein solcher Platz angewiesen, wie er dem in Italien am häufigsten vorkommenden — gebirgigen und durchschnittenen — Gelände entspricht.

Bei Operationen im Hochgebirge wird die Artillerie weiter rückwärts gehalten. Dagegen ist es bei Operationen in offenen, gangbaren Ebenen angezeigt, sie mehr nach vorn zu schicken.

Die Marketenderkarren und Sanitätswagen eines jeden Regiments marschiren hinter ihrem Regiment.

6. Der Avantgardenkommandeur marschirt für gewöhnlich an der Spitze des Gros der Avantgarde.

7. Der Divisionskommandeur marschirt für gewöhnlich an der Spitze des Gros der Division.

Aufgabe der Avantgarde, wenn der Feind gemeldet ist.*)

8. Die Anwesenheit des Feindes, mag er nun in fester Stellung stehen, oder sich im Marsch befinden, wird durch den Zusammenstoß der beiderseitigen Kavallerien in Erfahrung gebracht.

9. Gelingt es der aufklärenden Kavallerie, die gegnerische zurückzuwerfen, so ist es ihre Pflicht, die Verfolgung fortzusetzen und nicht eher davon abzulassen, als bis sie von überlegenen Kräften oder von feindlicher Infanterie dazu gezwungen wird. Von diesem Augenblick

---

*) Hier wird nur der allgemeine Fall ins Auge gefaßt, daß der Feind sich in der Verlängerung der Marschrichtungslinie zeigt, da die gegebenen Regeln sich ohne Schwierigkeit auf den besonderen Fall anwenden lassen, daß die Anwesenheit des Feindes in einer Flanke der Kolonne gemeldet wird.

Die gewöhnliche Auffassung, wonach die Lage einer auf dem Marsche in der Flanke angegriffenen Truppe als kritisch gilt, ist nur im Falle der Ueberraschung richtig, denn fehlt diese, so kann die Entwickelung nach der Flanke im Gegentheil leichter und rascher erfolgen, als nach vorn. Die Aufmarschzeit verringert sich auf weniger als die Hälfte der zur Entwickelung nach vorn erforderlichen Zeit, wenn die Aufmarschrichtung des Feindes unan muß sie ihre Aufklärung seitlich ausdehnen und durch Entsendung von Patrouillen in die Flanken des Feindes dessen Frontausdehnung und Stärke festzustellen suchen. Unter jeder Bedingung muß sie stets Fühlung mit dem Feinde behalten.

Für den Fall, daß sich in dem Gelände zwischen dem Gegner und der in Marsch begriffenen Division Oertlichkeiten von militärischer Wichtigkeit vorfinden, namentlich Defilees, die sich mit geringen Streitkräften vertheidigen lassen, so kann die aufklärende Kavallerie sich zweckmäßig deren Besitz durch abgesessene Abtheilungen sichern, besonders, wenn die betreffende Oertlichkeit binnen kurzer Frist von der Infanterie der Avantgarde erreicht werden wird.

Der Führer dieser Kavallerie ist verpflichtet, dem Kommandeur der Avantgarde die Anwesenheit des Feindes und was über seine Stellung und Stärke in Erfahrung gebracht ist, unverzüglich zu melden.

10. Wird dagegen die aufklärende Kavallerie von der feindlichen zurückgeworfen, so ist es Sache der in Gefechtsordnung übergegangenen vordersten Truppen der Avantgarde, durch Besetzung einer Aufnahmestellung die gegenüberstehende Kavallerie zurückzuweisen. Dem Führer dieser Truppen liegt alsdann die Pflicht ob, dem Avantgardenkommandeur die oben erwähnten Meldungen zu machen.

11. Die Aufgabe der Avantgarde in dem Augenblick, in dem die Anwesenheit des Feindes erkannt wird, ist eine sehr schwierige (molto delicato), da sie vielfachen und zum Theil entgegengesetzten Anforderungen gerecht werden muß, so z. B. der, sich nicht ohne wichtige Gründe in ein ernstes Gefecht gegen überlegene Kräfte einzulassen, wodurch sie unnütz erschöpft werden könnte; und andererseits

---

gefähr auf die Mitte der Kolonne trifft, da bei dieser Annahme die letzten Truppen der Kolonne einen kürzeren Weg bis zum Zielpunkt zurückzulegen haben, als sie von der Spitze entfernt waren. Außerdem führen die vordersten Truppen ihre Bewegung gleichzeitig mit den hintersten aus.

Soll in der Nähe des Feindes absichtlich ein Flankenmarsch ausgeführt werden, so sorgt man für die Sicherheit der Kolonne außer durch eine besondere, schwache Avantgarde noch durch die Entsendung einer Seitendeckung, die ebenso zusammengesetzt ist, wie für aufklärende Kavallerie und die Avantgarde bei den frontalen Anmärschen angegeben wurde. Diese Abtheilung schlägt, wenn möglich, einen Weg ein, der parallel zu dem vom Gros der Division eingeschlagenen läuft.

der, der Division Unbequemlichkeiten und Zeitverluste zu ersparen, die infolge ungenügender Kenntniß der Hindernisse vor der Front durch unnöthige Zusammenziehungen und Aufmärsche entstehen würden. Dieser Fall würde z. B. eintreten, wenn sich die Avantgarde von geringen feindlichen Kräften oder auch von feindlicher Kavallerie allein aufhalten ließe.

Daraus folgt, wie wichtig es ist, daß man möglichst bald über die Anwesenheit und die Stärke der Streitkräfte hinter der feindlichen Kavallerie ins Klare kommt.

12. Indessen muß, wie auch immer der Ausgang des Aufeinandertreffens der beiden Kavallerien gewesen sein mag — wenn sich daraus nicht erkennen ließ, ob stärkere feindliche Infanterie gegenübersteht — die Tete der Avantgarde in derjenigen Gliederung vorgehen, die am besten den Eigenthümlichkeiten des Geländes und der Lage entspricht. Begegnet sie kleineren feindlichen Infanterie-Abtheilungen, so hat sie gegen diejenige dieser kleinen Abtheilungen eine entschlossene Offensive zu führen, welche für die Fortsetzung des Marsches am hinderlichsten ist.

Hierin wird sie von ihrer eigenen Kavallerie unterstützt, die ihrerseits, dank der Thätigkeit der vordersten Avantgarden-Truppen, um so wirksamer gegen die Flanken des Feindes aufklären kann.

Dieses offensive Verhalten der vordersten Truppen der Avantgarden wird die feindlichen Streitkräfte zum Rückzug zwingen, wenn sie nur aus einer schwachen Aufklärungsabtheilung oder aus einer Vorpostenlinie, die nicht durch nahe Verstärkungen unterstützt wird, oder endlich aus vorgeschobenen Posten bestehen, die gerade die vorzeitige Entwickelung herbeiführen sollen; das Gros der Avantgarde wird dann seinen Marsch fortsetzen können. Im entgegengesetzten Falle weiß man nun, daß die gegenüberstehenden feindlichen Truppen beträchtlich stark sind, so daß zur Brechung ihres Widerstandes das Einsetzen der ganzen Avantgarde erforderlich sein wird.

13. Der Avantgardenkommandeur meldet, sobald er von der Anwesenheit eines stärkeren Feindes Kunde erhält, dem Divisionskommandeur sowohl genau die Stelle, wo der Feind steht, als auch Alles, was weiter über ihn zu seiner Kenntniß gelangt ist. Die

gleiche Mittheilung macht er den Führern seitlicher Kolonnen, damit das sich entspinnende Gefecht in Uebereinstimmung verlaufe.

14. Gleichzeitig giebt er dem Gros der Avantgarde den Befehl, bis auf 300 bis 400 m an die Spitze der Avantgarde heranzurücken: entweder nach vorn aufschließend (wie in Nr. 20 auseinandergesetzt) oder durch Aufstellung in aufgeschlossener Breitkolonne (linea di colonne di compagnia in ordine ristretto), wenn die vordersten Truppen der Avantgarde die Gefechtsgliederung annehmen.

15. Nachdem der Avantgardenkommandeur die in der vorigen Nummer erwähnten Anordnungen getroffen, begiebt er sich zusammen mit dem Batterieführer zur Spitze der Avantgarde, um sich durch Augenschein über die Sachlage zu unterrichten.

16. Wenn sich das Eingreifen des Gros der Avantgarde in das Gefecht als nothwendig herausstellt, so läßt der Batterieführer schnell seine Batterie vorrücken. Sie nimmt die von ihm ausgesuchte Stellung ein, sobald er die Entfernung des zuerst zu beschießenden Zieles geschätzt hat.

Der Avantgardenkommandeur ordnet gleichzeitig die Entwickelung des Gros in zwei Treffen an, entweder um sie als Rückhalt für das bereits im Gefecht befindliche Bataillon aufzustellen, oder um sie zur Verlängerung der Front jenes Bataillons zu verwenden, wenn es gilt, die vorgeschobenen Posten des Feindes zurückzuwerfen.*) Diese Offensive wird soweit vorwärts getrieben, bis sie auf keinen ernsten Widerstand mehr stößt.

Wenn dieser aber geleistet wird und namentlich wenn der Gegner seine Artillerie ins Feuer bringt, so läßt die Infanterie der Avantgarde ihre Schützenkette 600 bis 700 m von den feindlichen Schützen halten, und die Batterie nimmt eine Stellung, von der aus sie die feindliche Artillerie (aber nicht auf Entfernungen über 2400 m) mit Erfolg beschießen kann. Dabei darf sie sich dem Fernfeuer der feindlichen Infanterie nicht aussetzen; muß also 1200 bis 1500 m von ihr abbleiben.

---

*) Wenn das Gelände bedeckt ist, so senden die Truppen bei diesem Aufmarsch, sowie bei den darauffolgenden Vorwärtsbewegungen — wie überhaupt in jedem ähnlichen Falle — einzelne kleine Aufklärungspatrouillen voraus, um nicht Ueberraschungen ausgesetzt zu sein.

Jetzt beginnt seitens der Avantgarde ein hinhaltendes Gefecht, damit der Avantgardenkommandeur sich über die Stärke und Absichten des Feindes unterrichten und die Besonderheiten des Geländes erkunden kann, um demgemäß seinem Divisionskommandeur Meldung zu erstatten.

Die Avantgarde läßt sich in ein entscheidendes Gefecht nur dann ein, wenn es geboten erscheint, sich eines Punktes zu bemächtigen, der für die Fortführung des Kampfes von wesentlicher Bedeutung ist und den der Feind nur schwach besetzt hat; oder auch, wenn sie selbst im Besitze eines solchen Punktes ist und der Feind versucht, sie von dort zu vertreiben. In diesem letzteren Falle darf die Avantgarde erforderlichenfalls alle ihre Kräfte zur Behauptung der Stellung einsetzen, da ihr baldige Unterstützung durch das Gros der Division gebracht werden kann.

17. Während des Gefechts der Avantgarde ist es Aufgabe der Kavallerie, in den Flanken aufzuklären, um sich gegen unvorhergesehene Angriffe des Feindes zu sichern, sowie jede zu einer offensiven Bewegung günstige Gelegenheit auszunützen.

Außerdem muß sie die Verbindung mit den seitlichen Kolonnen aufrechterhalten.

18. Die Genie-Kompagnie der Avantgarde darf nur ausnahmsweise für das Gefecht Verwendung finden, damit sie ihren eigentlichen Aufgaben — Beseitigung der Hindernisse für den Vormarsch und die Entwickelung der Division, wie Brückenschlag, Niederlegung von Mauern, Zäunen u. s. w. u. s. w., sowie Anlage von Hindernissen für den Feind durch geeignete Mittel — nicht entzogen wird.

Ihr liegt ferner während des Gefechts die Pflicht ob, Oertlichkeiten vermittelst Niederlegungen, Verbarrikadirungen, Schießscharten, Flankendeckungen, Schanzen, Schützengräben u. s. w. in Vertheidigungszustand zu setzen.

Es empfiehlt sich, die Sappeur-Kompagnie nur bei Arbeiten von größerer Bedeutung zu verwenden und sie möglichst geschlossen zu halten, dagegen die Arbeiten von geringerer Bedeutung den Sappeuren der Truppentheile zu übertragen.

Maßnahmen des Gros der Division, wenn der Feind gemeldet ist.

19. Berechnet man den Abstand von der vordersten Abtheilung der aufklärenden Kavallerie bis zur Spitze des Gros, so ergiebt sich, daß das Gros der Division von dem Augenblick an, in dem der Feind gemeldet wird, noch einige Kilometer vor sich hat, um außerhalb der Tragweite des feindlichen Feuers zu manövriren. In gewissem Maße trifft dies auch in dem ungünstigsten Falle zu, wenn nämlich der Divisionskommandeur die erste Nachricht von der Anwesenheit des Feindes durch den Kanonendonner der Avantgarde erhält.

20. Wenn der Feind gemeldet ist, muß das Gros der Division seinen Marsch bis zu dem Punkte fortsetzen, der für das Haltmachen, Aufschließen nach vorn und Abwarten der Klärung der Gefechtslage am günstigsten erscheint.*)

---

*) Es ist unumgänglich nothwendig, daß man die zu frühe Entwickelung möglichst vermeidet, da hieraus — namentlich in einem Gelände, welches die Vorwärtsbewegung in geschlossener Form nicht zuläßt und in dem man sich doch wieder mehr oder weniger in Kolonne setzen muß — Zeitverlust erwächst; aber es ist andererseits auch der entgegengesetzte Fehler zu vermeiden, daß man sich zu spät entwickelt, denn hieraus kann die noch schlimmere Lage entstehen, daß man sich im feindlichen Artilleriefeuer entwickeln muß. Im Allgemeinen ist als Grundsatz festzuhalten, daß die Truppen möglichst weit in der Marschgliederung vorrücken; also bis dahin, wo sie sich — sei es infolge der Entfernung oder der Eigenthümlichkeiten des Geländes — nicht im Wirkungsbereiche des Gegners befinden.

Zur Vermeidung der vorzeitigen Entwickelung oder der Entwickelung im feindlichen Feuer müssen hauptsächlich eine gewandte und thätige Aufklärung vor der Marschfront und die Anwesenheit des Divisionskommandeurs an der Spitze seines Gros beitragen. Von hier aus kann er sich rasch zur Avantgarde begeben, um sich persönlich darüber zu unterrichten, ob der Aufmarsch überhaupt angezeigt und wie er dann mit Rücksicht auf die Maßnahmen des Feindes und die Eigenart des Geländes am zweckmäßigsten einzurichten ist. In ebenem von dichtem Baumwuchs bestandenem Gelände ist es — um über die Lage bald ins Klare zu kommen — sehr vortheilhaft, Kirchthürme, Dächer der Häuser u. s. w. als Aussichtspunkte zu benutzen.

21. Bei dem Aufschließen nach vorn zieht sich die Infanterie nach der rechten oder linken Seite oder nach beiden Seiten der Straße herüber; immer aber, wenn irgend möglich, unter Freimachung der Straße; sie nimmt dabei diejenige Gliederung an, die sich am besten dem Gelände anschmiegt und die Tiefe der Aufstellung möglichst vermindert, ohne die einzelnen Einheiten zu weit von der Marschrichtung zu entfernen, damit die etwaige Fortsetzung des Vormarsches ohne Zeitverlust und Kräfteverbrauch erfolgen kann. In dieser Gliederung kann die Infanterie des Gros der Division erforderlichenfalls auch geringe Vorbewegungen ausführen.

Die Batterien des Gros bleiben grundsätzlich auf der Straße und rücken mit ihrer Spitze bis in die Höhe der vordersten Infanterie-Abtheilungen, sofern dies möglich ist.

Die beigegebenen Figuren 1, 2 und 3 (Tafel III) entsprechen den drei besonderen Fällen der Gliederung in aufgeschlossener Marschordnung. Figur 1 entspricht dem Fall, daß es nicht möglich ist, von der Straße abzugehen; Figur 2 dem Fall, daß man nur nach einer Seite hin, und Figur 3 dem Fall, daß man nach beiden Seiten hin herunterkann.

22. Nachdem die Bedeutung des Eingreifens der Avantgarde für die Einleitung des Gefechts abgewartet ist und nachdem der Divisionskommandeur sich genau über die Lage unterrichtet hat, muß er — erforderlichenfalls nach Abstattung der nöthigen Meldung an den Korpskommandeur und nach Ertheilung des Befehls zum event. Haltmachen des Gros an den Kommandeur der hintersten Brigade, der zeitweilig das Kommando über das Gros der Division übernimmt — sich persönlich zur Avantgarde begeben. Da es ferner sehr wahrscheinlich ist, daß das erste Mittel zur Unterstützung der Avantgarde im Einsetzen der Artillerie des Gros bestehen wird, so läßt der Divisionskommandeur zweckmäßig den Artilleriekommandeur der Division mit vorreiten.

23. Sieht der Divisionskommandeur, nachdem er sich persönlich von der Lage überzeugt hat, die Nothwendigkeit zum Einsetzen des Gros voraus, erachtet er es aber für angezeigt, einen Entschluß hinsichtlich der Richtung des Vormarsches noch nicht zu fassen, so kann

er zweckmäßig den Truppen des Gros den Befehl zur Aufstellung in eng zusammengezogener Ordnung zugehen lassen.

Derartig aufgestellt sind die Truppen am besten in der Hand des Kommandeurs, sowie am leichtesten im Stande, Frontveränderungen vorzunehmen und rasch zum Aufmarsch überzugehen.

Da letzterer Grund hierbei die Hauptsache ist, so muß man die eng zusammengezogene Aufstellung dagegen vermeiden, wenn sie den event. Aufmarsch verzögern würde.

Daher wird der Divisionskommandeur, wenn er nach dem Befehl zum Aufschließen nach vorn das Gros sofort aufmarschiren lassen will, dies immer sofort aus der aufgeschlossenen Marschordnung thun.

24. Bei Annahme der eng zusammengezogenen Ordnung als Vorbereitung für den Aufmarsch muß das Gros sich womöglich in mehreren Treffen aufstellen. Um den nachherigen Aufmarsch zu erleichtern, stellt sich jedes Bataillon in aufgeschlossener Breitkolonne auf. (Vergl. Nr. 14.)

Figur 4 (Tafel III) entspricht einem besonderen Falle für die Gliederung des Gros in eng zusammengezogener Ordnung.

25. Sobald die Avantgarde hat feststellen können, daß der Feind beträchtliche Stärke besitzt und das Gefecht annimmt, wird sich die Lage der Division voraussichtlich folgendermaßen gestalten:

a) Die Infanterie der Avantgarde führt mit ihrer Schützenkette auf der Grenze des Nahgewehrfeuers (600 bis 700 m von der feindlichen Infanterie) ein hinhaltendes Gefecht und hat ihre übrigen Truppen in der zweckmäßigsten Weise für die Unterstützung der Schützenlinie bereitgestellt. Wenn dies ohne Aufgeben des eigentlichen Zwecks — Unterstützung der Schützenkette — möglich ist, so werden die Truppen gegen feindliches Feuer gedeckt aufgestellt.

b) Die Avantgarden-Batterie unterstützt die Infanterie aus einer Stellung, die von der feindlichen Artillerie mindestens 2400 m abliegt.

c) Die Kavallerie setzt ihren Aufklärungsdienst auf den Flanken der Avantgarde fort und übernimmt nöthigenfalls die Deckung der Batterie auf einer durch die Stellung der Avantgarden-Infanterie vielleicht nicht gesicherten Seite.

d) Das Gros der Division steht in aufgeschlossener Marschordnung oder in eng zusammengezogener Ordnung.

e) Der Divisionskommandeur hat die Leitung des Gefechts übernommen. Dasselbe wird so lange hinhaltend geführt, als er noch nicht zum Entschluß gelangt ist, in welcher Weise er in das entscheidende Gefecht eintreten will.

Uebergang von der Aufstellung in zusammengezogener Ordnung zur Offensive und Entwickelung des Angriffs einer Division, die in größerem Verbande kämpft.

26. Da das offensive Verhalten die größten Erfolge zu zeitigen vermag, so muß jeder Truppenführer dasselbe beständig anstreben. Nur in außergewöhnlicher Lage, und dann nur vorübergehend, darf man sich auf die Defensive stützen. Die Eigenart des Geländes muß selbstverständlich bei der Truppenführung in Betracht gezogen werden. Es würde aber zum Nachtheil ausschlagen, wollte man die Bedeutung des Geländes überschätzen und den Grundsatz außer Acht lassen, daß die eigenen Truppen und die Truppen des Gegners die wichtigsten Dinge auf dem Schlachtfelde sind. Ein energischer Entschluß, der das moralische Gefühl der eigenen Truppen hebt und das der feindlichen herunterdrückt, kann geringe Nachtheile des Geländes reichlich aufwiegen.

Ein Angriff in ganz offenem Gelände kann, wenn er die Truppen auch schweren Verlusten aussetzt, dennoch selbst gegen eine gute und verschanzte Stellung gelingen, sofern er wohl vorbereitet und energisch durchgeführt wird.*)

---

*) Die Offensive erfordert einen entschlossenen Willen, den Kampf durchzuführen, und einen Geist, bereit, die Verantwortung auf sich zu nehmen, auch wenn die eigene Ueberlegenheit über den Feind zweifelhaft erscheint. Wer vor der Uebernahme der Verantwortlichkeit zurückschreckt, ist natürlich zu defensivem Verhalten geneigt; er überläßt dem Feinde die Initiative im Gefecht und beschränkt sich als Angegriffener auf die Defensive, als Geschlagener auf den Rückzug. Die Offensive hat einen klaren und bestimmten Zweck vor Augen: an den Feind zu kommen und ihn zu schlagen. Die Defensive hat nur den negativen Zweck, die eigenen Stellungen zu be-

27. Das geeignetste Mittel zur Erkundung der Absichten des Gegners und zur Vorbereitung des Angriffs besteht in dem raschen Einsetzen der Batterien des Gros. Der Divisionskommandeur giebt dem Kommandeur der Divisions-Artillerie einen entsprechenden Befehl und dieser läßt seine Batterien vorgehen und in die vorher ausgesuchte Stellung einrücken. Wenn möglich, wird diese Stellung neben der von der Avantgarden-Batterie bereits eingenommenen gewählt, um von Anfang an die ganze Divisions-Artillerie zu vereinigen. Wenn aus irgend einem Grunde die Vereinigung der Divisions-Batterien in der von der Avantgarden-Batterie eingenommenen Stellung nicht möglich oder zweckmäßig erscheint, wird der Kommandeur der Divisions-Artillerie unter allen Umständen dahin streben, sie im weiteren Verlaufe des Gefechts — beim Einnehmen von weiter vorgeschobenen Stellungen — wieder zu vereinigen. Der Uebergang der Avantgarden-Batterie unter den Befehlsbereich des Kommandeurs der Divisions-Artillerie findet stets aus eigenem Entschlusse des Avantgardenkommandeurs oder auf ihm ertheilten Befehl des Divisionskommandeurs statt.

28. In diesem Zeitabschnitt des offensiven Gefechts ist die Artillerie die Hauptwaffe; ihr liegt die doppelte Aufgabe ob: die Entwickelung der Infanterie zu decken, indem sie das Feuer der feindlichen Artillerie auf sich zieht, und diese niederzukämpfen, um den entscheidenden Angriff der Infanterie möglich zu machen. Damit die Artillerie diesem doppelten Zweck gerecht werden kann, muß sie von Anfang an ganz eingesetzt werden.*)

---

haupten, und da sie in den meisten Fällen die Verhältnisse beim angreifenden Gegner nicht deutlich übersieht, bleibt sie nothwendigerweise bis zum Schluß schwankend. Diese verschiedene Lage des Angreifers und des Vertheidigers übt einen mächtigen moralischen Einfluß aus, der sich instinktmäßig in der Truppe verbreitet, den Muth bei den Einen belebend und bei den Anderen niederdrückend. Hieraus vor allen Dingen schreibt sich die moralische Ueberlegenheit der Offensive über die Defensive her.

*) Die Nothwendigkeit eines raschen und gleichzeitigen Einsetzens der ganzen verfügbaren Artillerie ist der hauptsächlichste Gesichtspunkt (criterio), der bei der Auswahl der Stellungen zu beachten ist; daher hat das Aussuchen einer geeigneten Stellung sofort zu erfolgen. Man muß sich dabei gegenwärtig halten, daß nur in den allerseltensten Fällen eine Stellung all'

29. Allemal, wenn die Artillerie von feindlichem Gewehrfeuer bedroht wird, läßt sie sich nach vorwärts durch Infanterie decken. Diese muß so weit vorgehen, daß sie der feindlichen Infanterie, die etwa versuchen sollte, unsere Artillerie zu belästigen, auf näheren Entfernungen Verluste zufügen kann.*)

30. Hat der Divisionskommandeur einmal einen Plan zur Verwendung des Gros gefaßt, so befiehlt er den Aufmarsch, der völlig

---

die Eigenschaften in sich vereinigt, die theoretisch erfordert werden, um sie als gut zu bezeichnen; daß man das Gelände hinnehmen muß, wie es gerade ist, und daß es mehr werth ist, das Feuer von einer event. mittelmäßigen Stellung aus rechtzeitig zu eröffnen, als zu spät zu kommen. Bei der Auswahl der Stellungen wird man mehr die gute Feuerwirkung der Geschütze, als ihre Deckung ins Auge fassen. Vor allen Dingen wird man vermeiden, zu hoch gelegene Stellungen auszusuchen, deren Einnehmen oft große Anstrengungen erfordert, was mit Zeitverlust gleichbedeutend ist. Obendrein haben derartige Oertlichkeiten oft den Fehler, daß sie ausgedehnte todte Winkel vor sich haben. Außerdem heben sich die auf der Spitze von Höhen aufgestellten Geschütze sehr deutlich gegen den Horizont ab und bieten dem Gegner ein bequemes Ziel. Deshalb sind im Allgemeinen flache Strecken an den Abhängen der Höhen vorzuziehen.

Kurz zusammengefaßt, muß man also bei der Auswahl von Stellungen für die Artillerie im Auge halten, daß sie sich rasch einnehmen lassen, ein gutes Schußfeld bieten und keine ausgedehnte todte Winkel vor sich haben.

Was das Einrücken in die Stellung betrifft, so muß man — wenn das Gelände es nicht unbedingt verbietet — den Aufmarsch möglichst gedeckt vorher bewerkstelligen und dann, in der je nach dem Gelände zulässigen, schnellsten Gangart vorrückend, überraschend und gleichzeitig mit allen Geschützen in der zu besetzenden Stellung erscheinen; und zwar um zu vermeiden, daß beim Einrücken einzelner Geschütze nacheinander sich auf sie, je nachdem sie sichtbar werden, das Feuer des Feindes konzentrirt; andererseits auch, um auf den Gegner einen um so größeren Eindruck hervorzubringen, je größer die Ueberraschung durch die unerwartete Eröffnung des Feuers war.

Um ferner nach Möglichkeit die Massenverwendung der Artillerie durchzuführen, muß man als taktische Einheit dieser Waffe nicht die Batterie, sondern die Abtheilung (brigata) betrachten. Daher werden auch nur ausnahmsweise und immer für eine bestimmte Zeit einzelnen Batterien besondere Aufträge gegeben.

*) Wenn die Infanterie nur bis auf 300 bis 400 m von der Artillerie vorgetrieben wird, kann diese schon ihr direktes Feuer gegen den Feind fortsetzen ohne Befürchtung, jene zu treffen.

beendet sein muß, bevor die Division ins Gefecht tritt. Ist der Aufmarsch vollendet, so rücken die Truppen gleichzeitig bis ungefähr in die Höhe der Avantgarde vor, wobei sie, wenn irgend möglich, zu vermeiden suchen, abtheilungsweise und nacheinander in das Feuer zu kommen.*)

31. Der Aufmarsch aller drei Regimenter des Gros vollzieht sich in der Weise, daß die Division nach seiner Vollendung mit den beiden Brigaden nebeneinander, jede in drei Treffen gegliedert, steht. Die Division nimmt in dieser Gliederung eine Front von 1000 bis 1400 m Breite ein.

Soll dagegen die Division nur ein demonstrirendes Gefecht führen, so kann sie je nachdem sechs oder acht Bataillone im ersten Treffen und die übrigen im zweiten und event. auch im dritten Treffen

---

*) Daß es zweckmäßig ist, den Aufmarsch des Gros der Marschkolonne in der Offensive wie in der Defensive beendet zu haben, bevor diese Truppen in das Gefecht eingreifen, springt so deutlich in die Augen, daß es fast überflüssig ist, hierüber besondere Vorschriften zu geben.

Nichtsdestoweniger erschien es angezeigt, darauf hinzuweisen, da die vordersten Truppen, kaum daß der Feind gemeldet ist, sich häufig genug theilweise entwickeln und zum Eingreifen in das Gefecht vorrücken; die übrigen werden dann, sowie sie allmälig eintreffen, nacheinander eiligst in kleinen Abtheilungen in das Feuer gebracht, wobei sie die Front mehr und mehr verlängern. So nehmen sie schließlich fast immer so ausgedehnte Fronten ein, daß sie in gar keinem Verhältniß zu den verfügbaren Kräften wie zu dem angestrebten Ziel stehen: und wenn auch die einzelnen Einheiten rascher in die Feuerlinie gelangen, so fehlt doch die Gleichzeitigkeit in der Wirkung, ohne welche die Erzielung wirklich entscheidender Erfolge unmöglich ist.

Man muß sich auch wohl vergegenwärtigen, daß zur ruhigen Bewerkstelligung des Aufmarsches immer genügende Zeit vorhanden ist. — Zwei Fälle können im Allgemeinen eintreten. Entweder marschiren die beiden Gegner aufeinander los und dann haben wir ein Begegnungsgefecht (combattimento d'incontro), oder der eine befindet sich schon in Stellung, und der andere marschirt darauf los, um ihn anzugreifen. Im ersten Falle sind die Verhältnisse auf beiden Seiten gleich. Im zweiten Falle steht die Zeit in dem Belieben dessen, der zum Angriff vorgeht.

Jedenfalls muß aber der Uebergang aus der Marschordnung oder aus der zusammengezogenen Ordnung sich ohne Zeitverlust vollziehen.

entwickeln. Sie nimmt dann eine Front von 1600 bis 2000 m ein.*)

32. Die Bataillone des ersten Treffens des Gros rücken in Breitkolonne (vergl. Nr. 14) mit Aufmarschzwischenraum vor, oder auch in einer anderen Gliederung, die je nach den Umständen am besten gestattet, sich den feindlichen Geschossen zu entziehen oder der Eigenart des Geländes anzupassen, wie z. B. mit den einzelnen Kompagnien in Reihen oder auch mit Halb-Kompagnien und Zügen in Reihen, so daß die Gliederung in Breitkolonne rasch wieder hergestellt werden kann. Bevor sie in die Höhe der Avantgarde kommen, nehmen sie Gefechtsgliederung an und setzen hierin das Vorrücken in

*) Es unterliegt keinem Zweifel, daß eine in nur einem Treffen aufgestellte Truppe Erfolge erringen kann. Aber diesen Erfolgen fehlt die Beständigkeit und der Nachhalt, wenn nicht Unterstützung durch ein zweites Treffen vorhanden ist, und sie können leicht in eine Niederlage umschlagen, wenn der Feind — wie oft geschieht — einen offensiven Gegenstoß führt; denn jeder Ansturm hat auch bei siegreichen Truppen Unordnung zur nothwendigen Folge, bringt sie in einen zeitweiligen Zustand von Schwäche und setzt sie Gefahren aus, denen sie nur unter Beihülfe eines zweiten Treffens widerstehen können. Das ungesäumte Erscheinen dieses zweiten Treffens in der eroberten Stellung ist daher unumgänglich nothwendig, um den erzielten Erfolgen den Charakter von wirklicher Dauerhaftigkeit zu geben. Wenn man endlich zur Erreichung des angestrebten Zieles einen regelrechten Angriff durchzuführen hat, so muß man nothwendigerweise ein drittes Treffen bilden, dessen Zweck es ist, die großen Lücken zu stopfen, welche in den beiden ersten Treffen durch das feindliche Feuer gerissen werden.

Die Thatsache, daß im Frieden das Bedürfniß nach mehreren hintereinanderstehenden Treffen nicht deutlich zu Tage tritt, da ja die Aufzehrung der Kräfte durch die Verluste nicht zum Ausdruck gelangt, darf die Bildung solcher Treffen nicht überflüssig erscheinen lassen; es gehört die Friedensgewöhnung dazu, soll man nachher vor dem Feinde entsprechend handeln.

Die Gewohnheit, stets ein zweites und erforderlichenfalls auch ein drittes Treffen zu bilden, dient außerdem auch als Korrektur gegen zu ausgedehnte Fronten: ein Fehler, in den man bei den Friedensmanövern leicht verfällt.

Wenn wir die oben für die zwei in Erwägung gezogenen Verwendungsarten der Division gegebenen Zahlen als Grundlage nehmen, so ergiebt sich daraus, daß das Armee-Korps mit beiden Divisionen nebeneinander im ersteren Falle eine Front von 2000 bis 2800 m, im zweiten Falle von 3200 bis 4000 m Breite haben würde.

der vom Divisionskommandeur befohlenen Richtung so lange fort, bis ihre Schützenkette eine Stellung ungefähr in der Höhe der Schützenkette der Avantgarde (600 bis 700 m von der Feuerlinie der feindlichen Infanterie) erreicht hat. Von dieser Stellung aus wird das Vorbereitungsfeuer begonnen.

33. Die Bataillone des zweiten und dritten Treffens (wenn die Gliederung in drei Treffen angenommen war) folgen der Vorbewegung des ersten Treffens in derselben Weise, wie im vorhergehenden Paragraphen für die Bataillone des ersten Treffens angegeben war.

Der Abstand des zweiten Treffens vom ersten beträgt im Allgemeinen 300 m; der Abstand des dritten Treffens vom zweiten 600 m.

34. Bei der Vorbewegung des Gros ist zu beobachten — was übrigens als allgemeine Regel gilt —, daß man das Gelände unmittelbar hinter und unmittelbar vor den bereits feuernden Batterien vermeidet, und zwar sowohl um die Batterien selbst nicht zu stören und sie gerade in dem Augenblick zur Einstellung des Feuers zu zwingen, in dem es erst recht lebhaft sein muß, als auch zur Vermeidung von Verlusten, da gerade dieser Raum jetzt von der feindlichen Artillerie am meisten unter Feuer gehalten wird. Beim weiteren Vorrücken jedoch müssen allmälig erst die Schützenkette, dann die Unterstützungstrupps und endlich die Gros, sobald sie über 300 bis 400 m vor die Geschützlinie gekommen sind, den Raum vor den Batterien besetzen. Auf dieser Entfernung ist keine Gefahr mehr vorhanden, von der eigenen Artillerie getroffen zu werden, noch auch von den Geschossen zu leiden, welche die feindliche Artillerie auf die eigene feuert.

35. Nach Beendigung des Aufmarsches der Infanterie des Gros sammelt sich die Kavallerie auf einem Flügel der Division, womöglich außerhalb des Wirkungskreises der feindlichen Artillerie und zwischen dem zweiten und dritten Treffen. Sie nimmt diejenige Gliederung an, in der sie sich am besten in der Hand ihres Kommandeurs befindet und aus welcher der Uebergang zur Offensive nach jeder Richtung hin, nach der sie im Verlaufe des Gefechts nothwendig werden kann, rasch zu bewerkstelligen ist.

36. Während die Infanterie des Gros den vorerwähnten Annäherungsmarsch ausführt, geht die Artillerie bis auf entscheidende Feuerentfernung an die feindliche Artillerie heran; das ist mindestens bis auf 1800 m von derselben. Da es übrigens, wie bereits erwähnt, nothwendig ist, daß das Artilleriefeuer keine Unterbrechung erleidet, damit die feindliche Artillerie das Feuer nicht von ihr abziehe, um es gegen die Infanterie des vorrückenden Gros zu richten, so führt die Artillerie diese Bewegung in Staffeln aus. Diese dürfen nicht schwächer sein, als eine Batterie und müssen in rascher Gangart und womöglich aufmarschirt vorrücken.

Ist die Artillerie in der neuen Stellung angekommen, so setzt sie das Feuer gegen die feindliche Artillerie fort.

37. Wenn man den richtigen Augenblick für das Ansetzen des Angriffs (attacco) für gekommen erachtet, wird die Schützenkette durch die Unterstützungstrupps in geschlossener Ordnung verstärkt, wodurch sich das Vorbereitungsfeuer um so wirksamer gestaltet.

Gleichzeitig erhöht die Artillerie die Feuergeschwindigkeit gegen die gegnerische Artillerie, um eine entscheidende Ueberlegenheit über jene zu erzielen.

Wenn die Infanterie in dieser Stellung gewahrt, daß die feindliche Artillerie im Begriff ist, sich genau einzuschießen, springt sie schnell um etwa 100 m vor und setzt dann das Vorbereitungsfeuer wieder fort. Auf diese Weise kommt man für den Angriff vorwärts und vermindert gleichzeitig die Verluste. Der Rath, vorwärts zu springen, so oft die feindliche Artillerie nahe daran ist, sich richtig einzuschießen, ist allemal zu befolgen, so oft ein analoger Fall eintritt, da der bezeichnete Sprung das beste Mittel ist, um sich der mörderischen Wirkung des Artilleriefeuers zu entziehen.

38. Wenn die Erfolge des eigenen Feuers dadurch sichtbar werden, daß das feindliche Feuer schwächer wird, oder auch daß es lebhafter abgegeben wird, ohne daß dem erhöhte Verluste entsprechen, so schreitet man zum Angriff (attacco).

Dann geht die Schützenkette des ersten Treffens, nachdem sie, wie in der vorhergehenden Nummer gesagt, durch die Unterstützungstrupps verstärkt worden, sprungweise in Staffeln und nicht unter einer Kompagnie*) vor. Die Gros folgen und richten ihre Vorbewegung derart ein, daß sie in geschlossener Ordnung in die Schützenlinie eintreten können, wenn diese bis auf 300 bis 400 m vom Feinde angekommen ist. Aus dieser Stellung beginnt das entscheidende Feuer. An den Punkten der Front, wo nach dem Einrücken der Gros in die Feuerlinie die Leute mehr als zwei Mann tief stehen, stellt man sich in vier Gliedern auf: die ersten beiden feuern knieend, die anderen stehend.

39. Nachdem einige Minuten in dieser Weise gefeuert worden, wird das Signal zum Sturmlauf (assalto) gegeben, der sich in Sprüngen von 50 bis 60 m in Halbbataillonsstaffeln in der vorher bezeichneten Richtung vollzieht. Die Zahl der Patronen, die nach den einzelnen Sprüngen verschossen werden müssen, wird auf drei bis höchstens vier festgesetzt. Wenn man ungefähr auf 200 bis 150 m vom Feinde ankommt, werden in der Vorbewegung die Bajonette aufgepflanzt. Von dieser Entfernung an wird allgemein Magazinfeuer abgegeben und nach einer Minute etwa das Signal: „Fällt das Gewehr“ (alla baionetta) gegeben, worauf die Hornisten unaufhörlich „Avanciren“ blasen und die ganze erste Linie, mit entfalteten Fahnen und dem Elan ihrer Offiziere folgend, sich in dichten Linien und gleichzeitig mit dem Ruf: „Savoia, Savoia . . .!“ — auf die feindliche Stellung stürzt.

40. Wenn dies erste Treffen seine Stellung 600 bis 700 m vom Feinde verläßt und den Angriff beginnt, folgt das zweite der Vorbewegung.

Rücken die geschlossenen Abtheilungen des ersten Treffens in die Schützenlinie (vergl. Nr. 38), so schließt das zweite Treffen so weit auf, daß es deren Stelle einnimmt, um gleich für die Besetzung der Stellung zur Hand zu sein, wenn der Angriff gelingt; oder um das erste Treffen zu verstärken; oder endlich, um den Sturmlauf zu wiederholen, wenn er mißlingt. Ebenso schließt auch das dritte Treffen, wenn eins gebildet ist, während des Angriffs so weit auf,

*) Bei Ausführung der sich einander folgenden Sprünge müssen die Staffeln darnach streben, daß sie sich etwas nach der eigenen Mitte zusammenziehen, um nicht das Feuer der liegengebliebenen Staffeln zu maskiren.

daß es die Stelle des zweiten Treffens einnimmt, sobald dieses an die Stelle der geschlossenen Abtheilungen des ersten Treffens vorrückt.

Zum Aufschließen ist es nicht erforderlich, daß das zweite und dritte Treffen die Marschgeschwindigkeit beschleunigen, da das Vorspringen des ersten Treffens mit Unterbrechungen erfolgt.

41. Wenn zur Vertreibung des Feindes aus der angegriffenen Stellung das Eingreifen des zweiten Treffens erforderlich wird, so rückt dieses in geschlossener Ordnung in die Linie des ersten Treffens, um diesem den zum Gelingen des Angriffs nöthigen Elan einzuflößen.

Das Eingreifen des zweiten Treffens muß mit allen Kräften und nicht etwa zersplittert stattfinden.

In derselben Weise erfolgt das Eingreifen des dritten Treffens, sofern es zur Brechung des feindlichen Widerstandes nothwendig wird.

Der Sieg bleibt immer dem Ausdauerndsten (persistente). Daher würde derjenige kein Lob verdienen, der seine verfügbaren Kräfte nicht für das Gelingen des Angriffs einsetzte und einen Theil zurückhielte, um ihn bei den möglichen Wechselfällen des Rückzugs zu verwenden; denn bei der Durchführung des Gefechts bis zum Aeußersten werden, selbst wenn der Angriff nicht gelingt, auch die Kräfte des Gegners erschöpft.

So würde auch Derjenige zu tadeln sein, der seine Streitkräfte verzettelt gebrauchte, da er sie unnütz einem langsamen Aufgezehrtwerden aussetzte. Die Gliederung nach der Tiefe erlaubt den Truppen, die Zone des feindlichen Feuers unter möglichst geringen Verlusten zu durchschreiten. Wenn aber der größte Theil der Entfernung durchmessen ist, so hat diese Gliederung keinen Einfluß mehr auf die Schwere der Verluste, während dagegen ein wuchtiger Vorstoß, wie er zur Ueberwindung einer hartnäckigen Vertheidigung erforderlich ist, nur geführt werden kann, wenn man den Feind in geschlossener Gliederung erreicht.

42. Von dem Augenblick an, in dem man zum Angriff ansetzt, beginnt eine neue Aufgabe für die Artillerie; und zwar die, zum Gelingen des Angriffs selbst durch Beschießung der feindlichen Infanterie auf dem Angriffspunkt mitzuwirken.

Wenn die Artillerie von ihrer zweiten Stellung aus (vergl. Nr. 36) die Wirkung ihres Feuers nicht genau zu beobachten und die eigenen Truppen im Augenblick des entscheidenden Feuers nicht genau von denen des Gegners zu unterscheiden vermag, so nimmt sie — sofern das Gelände es zuläßt — zum zweiten Male nach vorwärts eine neue Stellung ein. Im Nothfall begiebt sie sich bis in die Höhe des ersten Treffens und trägt keine Scheu, sich starken Verlusten durch Gewehrfeuer auszusetzen, falls sie nur unter dieser Bedingung zum günstigen Ausfall des Angriffs beitragen kann. Uebrigens ist sie gerade in diesem Abschnitt des Gefechts dem Feuer des Gegners weniger ausgesetzt, weil dieses nothwendigerweise gegen die angreifende Infanterie, die aus größerer Nähe droht, gerichtet sein wird.

In dieser Phase des Gefechts kann die Artillerie, in der Hauptsache stets die feindliche Infanterie aufs Ziel nehmend, ausnahmsweise das Feuer einzelner Züge gegen die Batterien der Vertheidigung richten, um denselben die Wiederaufnahme des Feuers gegen die vorrückende Infanterie zu erschweren.

43. Im entscheidenden Augenblick fährt die Artillerie fort, denjenigen Theil der feindlichen Front mit lebhaftem und unausgesetztem Feuer zu beschießen, welcher der angreifenden Infanterie den größten Schaden zufügt.

Wenn die beiderseitigen Infanterien so nahe aneinander gekommen sind, daß die Artillerie unmöglich das Feuer fortsetzen kann, ohne die eigenen Truppen am Punkte des Zusammenstoßes zu treffen, so richtet sie ihr Feuer gegen die feindlichen Batterien, die etwa am Gefecht noch theilnehmen sollten, oder auch gegen das zweite Treffen oder die Reserven des Feindes, um dieselben an der Unterstützung des ersten Treffens zu behindern.

44. Wenn der Angriff gelingt, so wird die vom Gegner geräumte Stellung so rasch wie möglich von den Bataillonen besetzt, die am wenigsten gelitten haben. Sie gehen bis in eine geeignete Stellung vor- und eröffnen unverzüglich das Feuer auf den zurückgehenden Feind: Das wirksamste Verfolgungsmittel.

Von den Batterien rückt wenigstens ein Theil bis in die Stellung selbst vor. Unter dem Schutze dieser Truppen ordnen sich die Bataillone, welche etwa infolge des Anlaufs durcheinander gekommen sind. Die Gliederung in Treffen wird sofort wieder eingenommen.

Die zur Verfolgung durch das Feuer bestimmten Bataillone bilden das erste Treffen; aus den anderen wird ein zweites und event. auch drittes Treffen neu gebildet.*)

45. Bei der Durchführung eines offensiven Gefechts ist es zweckmäßig, sich den Besitz einer eben eroberten Stellung durch Errichtung von Einschnitten für die Artillerie und Schützengräben für die Infanterie zu sichern. Dies darf jedoch den Weitergang des Gefechts nicht aufhalten, sondern muß vielmehr zur Erreichung des eigentlichen Gefechtszwecks beitragen, sei es durch eine Steigerung der Wirkung des Artillerie- und Gewehrfeuers als Vorbereitung für weitere sich einander folgende Angriffe, sei es durch Schaffung von Stützpunkten für eine kräftige Vertheidigung gegen mögliche offensive Gegenstöße des Feindes.

46. Die Infanterie darf sich günstige Gelegenheiten zur Abgabe von Fernfeuer auf geschlossene Infanterie- und Kavallerie-Abtheilungen sowie auf im Marsch befindliche oder in nicht über 1600 m abgelegenen Stellungen stehende Artillerie nicht entgehen lassen. Dieses Feuer wird im Allgemeinen von Abtheilungen abgegeben, die nicht als Schützen aufgelöst sind; indeß dürfen auch die Schützenlinien in dieser Weise feuern, wenn Aussicht auf guten Erfolg vorhanden ist und die ihnen zufallende Thätigkeit es nicht verbietet.

Das Fernfeuer muß indeß stets mit der größten Sparsamkeit und auf Kommando abgegeben werden, um den vorzeitigen Verbrauch der Patronen zu vermeiden. Daher darf es nur dann fortgesetzt werden, wenn deutlich große Erfolge zu beobachten sind.

Abgesehen von den vorerwähnten besonderen Fällen, darf die Infanterie ihr Feuer nur auf guter Schußweite eröffnen, in der Ueberlegung, daß nicht durch die Heftigkeit des Feuers, sondern durch seine

*) Dies Ordnen der Truppen muß nach jeder Gefechtsphase sowohl in der Offensive wie in der Defensive ausgeführt werden, indem man von den Ruhepausen, die zwischen den einzelnen Phasen jeden Gefechts liegen, Gebrauch macht. Nur unter dieser Bedingung wird man die Truppen stets in der Hand haben und für jede Möglichkeit gerüstet sein. Daher muß die Wiederherstellung der Ordnung bei den eigenen Truppen, sobald sich nur die Gelegenheit dazu bietet, die beständige Sorge der Offiziere aller Grade sein.

Genauigkeit materielle und moralische Erfolge erzielt werden. Ein heftiges aber unwirksames Feuer macht den Feind, statt ihm zu imponiren, nur noch kühner, während ein ruhiges aber mörderisches (micidiale) Feuer beim Angriff seinen Elan niederdrückt und in der Vertheidigung seine Widerstandsfähigkeit erschüttert.

Die Aufrechterhaltung der Feuerdisziplin ist einer der hervorragendsten Beweise für militärische Tüchtigkeit, und hierauf müssen alle Grade, und in erster Linie die Offiziere, ihre besondere Aufmerksamkeit richten.

Auch bei dem Vorbereitungsfeuer für den Angriff muß man mehr Werth auf die Genauigkeit im Schießen als auf die Heftigkeit des Feuers legen. Nur in der letzten Phase des Angriffs, wenn der geringe Abstand vom Gegner die Treffwahrscheinlichkeit bedeutend erhöht, muß das Gewehrfeuer durch Anwendung der Mehrladevorrichtung den höchsten Grad an Heftigkeit erreichen, um den durch starke Verluste bereits erschütterten Feind völlig niederzuwerfen.

Die Nothwendigkeit eines langsamen und wohlgezielten Feuers wird immer größer, je stärker der gegenüberstehende Feind ist. Denn während der mit überlegenen Kräften auftretende Feind in der Lage ist, Truppen, die sich etwa verschossen haben sollten, durch frische zu ersetzen, so muß der an Kräften unterlegene unbedingt die Gefahr vermeiden, im entscheidenden Augenblick ohne Patronen zu bleiben; er würde unausbleiblich verloren sein, wenn dieser Fall einträfe.

47. Während aller Phasen des Angriffs folgt die Kavallerie der Bewegung der Infanterie, wobei sie aufmerksam jede zum selbstständigen Eingreifen in das Gefecht günstige Gelegenheit erspäht, denn diese Gelegenheiten gehen so rasch vorüber, daß man unfehlbar zu spät kommen würde, wenn man erst Befehle abwarten wollte.

Das Eingreifen der Kavallerie in das Gefecht aus eigenem Entschluß ist daher als Regel zu betrachten, die in allen Phasen des Gefechts, im offensiven wie im defensiven, unbedingt zu befolgen ist.

Wenn der Angriff gelingt, geht die Kavallerie energisch zur Verfolgung vor. Wenn möglich, wird sie hierbei durch Artilleriefeuer aus der soeben gewonnenen Stellung unterstützt.

Um jederzeit in angemessener Weise in das Gefecht eingreifen zu können, muß der Kommandeur der Kavallerie seine Truppe in der Hand behalten und jedes Mittel anwenden, um beständig über den allgemeinen Gang des Gefechts unterrichtet zu sein.

Ueber die Thätigkeit der Divisions-Kavallerie wird ausführlicher in den Nrn. 58, 59, 60, 61 und 62 abgehandelt, wo von der Durchführung des Angriffs einer selbstständigen Division die Rede ist; ein Fall, in dem der Kavallerie ein größerer Wirkungskreis zufällt.

48. Für das glückliche Gelingen eines Angriffs ist es vor Allem unbedingt erforderlich, daß von der Führung an den ersten Entschlüssen bis zum Schluß festgehalten wird, denn die energische Ausführung selbst eines minder guten Entschlusses ist mehr werth, als ein Wechsel in denselben.

Der Erfolg eines Angriffs hängt übrigens im höchsten Grade — außer von der Festigkeit und dem Elan, mit dem er durchgeführt wird — von der Ordnung und Einheitlichkeit bei seiner Entwickelung ab; Ordnung und Einheitlichkeit, die nur schwer erreicht werden können, wenn die Truppen nicht so häufig und sorgfältig in der Abspielung der einzelnen Akte des Angriffs geübt sind, daß sie ihn — einmal in irgend einer Richtung angesetzt — so zu sagen automatisch durchzuführen vermögen.

Während der Durchführung des Angriffes wie überhaupt allemal, wenn die Division in ein Gefecht — gleichviel ob offensiv oder defensiv — verwickelt wird, hält sich ihr Kommandeur an demjenigen Punkte auf, von wo er den Weitergang des Gefechts am besten überwachen und leiten kann; ein Punkt übrigens, der den Unterbefehlshabern bekannt sein muß. Sollte er während des Gefechts seinen Aufenthaltsort wechseln, so muß er dort, wo er zuerst stand, einen Offizier oder Unteroffizier (graduato) mit dem Auftrage zurücklassen, ihm etwa eingehende Nachrichten oder Befehle nachzusenden.

49. Ist der Angriff abgewiesen, so bilden die in Stellung befindlichen Batterien die beste Unterstützung für das Sammeln der zurückgehenden Infanterie.

Oft wird sich hierbei der Kavallerie die Gelegenheit zu wichtigen Diensten bieten, mag sie nun durch ihre Thätigkeit die Verfolgung seitens der Kavallerie des Feindes aufhalten, oder auch seine Infanterie angreifen und dieselbe hierdurch zum Halten und Sammeln zwingen. So kann sie die eigene Infanterie entlasten.

Besondere Regeln für die Entwickelung des Angriffs der auf einem Flügel kämpfenden Division.

50. Befindet sich die Division auf einem Flügel, so sammelt sich die Kavallerie, nachdem sie ihrer Aufgabe während des Avantgarden-Gefechts gerecht geworden, jenseits der äußeren Flanke der Division und deckt sie auf dieser Seite, indem sie etwa vom Feinde auf die Flanke unternommene Gegen-Offensivbewegungen überwacht und sich denselben unter Meldung an den Divisionskommandeur entgegenwirft. Ihr Hauptobjekt wird die feindliche Kavallerie sein; steht solche ihr nicht gegenüber, oder hat sie dieselbe aus dem Felde geschlagen, so muß sie die Flanke des Feindes bedrohen und keine Gelegenheit ungenutzt lassen, um sich überraschend auf seine Infanterie und Artillerie zu werfen.

Im entscheidenden Augenblick wird sie versuchen, durch Attacken in der Flanke zum glücklichen Ausgang des Kampfes beizutragen.

Ihre Thätigkeit hierbei ist dieselbe, wie in den Nrn. 58, 59, 60, 61, 62, 63 und 64 für die einer selbstständigen Division zugetheilte Kavallerie angegeben ist.

51. Beim Aufmarsch des Gros wird das dritte Treffen grundsätzlich nach der äußeren Flanke zu am stärksten gemacht, damit es von vornherein zur Hand ist, um feindlichen Gegen-Offensivstößen auf diese Flanke entgegenzutreten.

Aus demselben Grunde wird es vortheilhaft sein, wenn die Artillerie dicht an der äußeren Flanke in Thätigkeit tritt.

Dieses Stärkermachen der äußeren Flanke kann übrigens, wenn sich günstige Gelegenheit dazu bietet, eine event. offensive Unternehmung gegen die feindliche Flanke in der Weise erleichtern, wie hierunter bei Abhandlung der selbstständigen Division auseinandergesetzt werden wird.

Besondere Regeln für die Entwickelung des Angriffs einer selbstständig kämpfenden Division.*)

52. Der Führer einer selbstständigen Abtheilung muß stets als Richtschnur vor Augen haben: auf den Kanonendonner loszumarschiren.

Selbst wenn er einen besonderen Auftrag zu erfüllen hat, muß er aus eigenem Entschluß die Ausführung desselben immer dann aufschieben, wenn er beim Hörbarwerden des Kanonendonners zu der Ueberzeugung gelangt, daß sein Eingreifen auf dem Gefechtsfelde mehr Vortheil bringen kann, als die Erfüllung seines eigentlichen Auftrags. Hierin die richtige Entscheidung treffen, gehört zu den schwersten Aufgaben des selbstständig Operirenden und darf nur auf Grund des völligen Vertrautseins mit der Gefechtslage geschehen.

53. Muß eine selbstständige Division offensiv auftreten, so kann sie frontal angreifen oder auch gleichzeitig einen Angriff auf die Front und auf eine der Flanken des Gegners ausführen.

Beschränkt sich das Gefecht auf einen frontalen Angriff, so entwickelt sich grundsätzlich die Avantgarde und nur ein Theil des Gros. Der Rest (für gewöhnlich ein Regiment) bleibt in Reserve zur unmittelbaren Verfügung des Divisionskommandeurs.

Diese Reserve findet auf dem wichtigsten Punkte des Schlachtfeldes in dem zur Herbeiführung eines günstigen Ausgangs vortheilhaftesten Augenblick, oder auch als Gegenmittel gegen die verschiedenen Wechselfälle des Gefechts Verwendung.

Indessen ist stets, wenn man über eine irgend nennenswerthe Ueberlegenheit verfügt, ein gleichzeitiger Angriff auf die Front und eine Flanke des Feindes vorzuziehen, denn die Flankenangriffe sind — zumal wenn man die Schwierigkeiten der frontalen Angriffe in Erwägung zieht — von großer Bedeutung, da sie beim Gelingen die größten Erfolge mit den geringsten Verlusten erzielen. In diesem

*) In Bezug auf selbstständig auftretende Abtheilungen muß man sich ganz besonders gegenwärtig halten, was in der Vorbemerkung zu diesen Regeln hinsichtlich der einem Truppenführer stets gelassenen Freiheit in der Wahl der Mittel gesagt ist.

Falle entwickeln sich die Avantgarde und nur ein Theil des Gros in zwei und event. auch zum Theil in drei Treffen (z. B. auf dem dem Flankenangriff entgegengesetzten Flügel). Die übrigen Truppen werden zur Durchführung des Flankenangriffs verwandt.

Es läßt sich nicht a priori feststellen, wie viel Truppen für den frontalen und wie viel für den Flankenangriff zu verwenden sein werden. Dies hängt ganz und gar von den Umständen ab. Man muß indessen immer vor Augen haben, daß von den beiden Angriffen der eine der wichtigste und der andere der minder wichtige ist. Beide Angriffe mit gleichem Nachdruck unternehmen wollen, wäre dasselbe, wie beide unwirksam ausführen: man müßte denn eine bedeutende Ueberlegenheit an Truppen haben. Wenn man den Feind durch einen gleichzeitigen Angriff von zwei Seiten her in Ungewißheit setzt, wo seine Reserven nothwendig sein werden, und dann einem dieser beiden Angriffe den größeren Theil der Streitkräfte zuweist, so hat man alle Wahrscheinlichkeit auf Erfolg für sich.

Im Allgemeinen kann man daran festhalten, daß man dem Hauptangriff drei Viertel bis zwei Drittel, dem Nebenangriff ein Viertel bis ein Drittel der Stärke zur Verfügung stellt.

54. Die Treffen werden je nach dem Gefechtszweck und nach der Eigenart des Geländes verschieden gebildet. Infolge dessen wechselt auch die Frontausdehnung je nach der Zahl der ins erste Treffen gestellten Bataillone.

55. Der Flankenangriff muß so angesetzt werden, daß er gleichzeitig mit dem Frontalangriff gelingt. Im Allgemeinen wird er durch einen Marsch in schräger Richtung und so viel als möglich gegen Sicht und Feuer des Feindes gedeckt ausgeführt. Dieser Marsch muß so geregelt werden, daß er kein zu weites Ausgreifen erfordert. Hierdurch könnte der Angriff auf die Flanke zu sehr verzögert werden und z. B. erst dann beginnen, wenn die Truppen des frontalen Angriffs bereits zu Schlacken ausgebrannt sind. Andererseits darf der Marsch aber auch nicht zu nahe am Feinde ausgeführt werden, und zwar sowohl damit die manövrirenden Truppen nicht ins feindliche Feuer gerathen, als auch damit der Feind unsere Absicht nicht zu früh bemerke, wodurch ihm Abwehr und Gegen-Offensivstöße erleichtert würden.

Die Entwickelung gegen die feindliche Flanke muß mit der größten Geschwindigkeit erfolgen und ist dann unter möglichster Ausnutzung der Wirkung der Ueberraschung entschlossen zum Angriff vorzugehen.

Beim Ansetzen des Flankenangriffs muß man darauf achten, daß er nicht mit dem Frontangriff durcheinander kommt. Daher muß man eine Front vermeiden, die zum Auftreffen auf die frontalangreifenden Truppen vor der feindlichen Stellung führen würde.

56. Unternimmt man einen Flankenangriff, so ist es sehr zweckmäßig, die Artillerie seitwärts von diesem Angriff aufzustellen, damit sie durch ihr Feuer mitwirken kann.

57. Die Thätigkeit der einer selbstständigen Division zugetheilten Kavallerie ist von noch größerer Wichtigkeit, als bei einer im größeren Verbande kämpfenden Division. Im Allgemeinen gelten für die Kavallerie einer selbstständigen Division die in Nr. 50 für die Kavallerie einer Flügel-Division gegebenen Regeln. Bei der selbstständigen Division muß die Kavallerie auf beiden Flanken aufklären, mit dem größten Theile ihrer Stärke jedoch auf der gefährdetsten Flanke oder auch dort, wo das Gelände sich am besten für ihre Thätigkeit eignet. Unternimmt man einen Flankenangriff, so wird der größte Theil der Kavallerie grundsätzlich auf demjenigen Flügel vereinigt, von dem dieser Angriff ausgehen soll, und sodann zur Aufklärung vorwärts und seitwärts der umgehenden Kolonne, möglichst auch zur Maskirung ihrer Bewegung, verwandt. Ist der Flankenangriff nun begonnen, so macht die Kavallerie die Angriffsfront frei und verlängert sie; wenn möglich, bedroht sie auch den Feind im Rücken.

Dem Kommandeur der Kavallerie einer selbstständigen Division wird das Einholen von Nachrichten über den Gang des Gefechts leicht, da ihm eine große Freiheit in seinen Bewegungen zu Gebote steht. Eines der wirksamsten Mittel zur Erreichung dieses Zieles besteht darin, daß er persönlich rekognosziren reitet, wenn es sich um Vorgänge in der unmittelbaren Nähe handelt, oder Offiziere entsendet, wenn die Aufklärung bis auf einige Entfernung durchgeführt werden muß. Häufig kann diese Aufklärung bis in große Nähe des Feindes vorgetrieben werden, sei es infolge des bedeckten Geländes, sei es, daß sie bei offenem Gelände von nur einem oder zwei Reitern unternommen wird, welche der Feind, dessen Aufmerksamkeit in diesen brennenden Gefechtsaugenblicken wo anders hin gezogen ist, nicht bemerkt.

59. Kavallerie muß im Auftreten gegen Infanterie sowie auch gegen Kavallerie stets dahin streben, die Flanke des Feindes zu gewinnen. Wenn sie so verfährt, wird sie die eigene Infanterie höchstens erst im letzten Augenblick zur Einstellung des Feuers zwingen. Eine Attacke der Kavallerie auf die Flanke der feindlichen Infanterie im entscheidenden Augenblick kann sehr wirksam zum Gelingen des Angriffs durch die eigene Infanterie beitragen. Denn entweder zieht der von der Kavallerie bedrohte Feind sein Feuer von der angreifenden Infanterie ab, und der glückliche Ausgang des Angriffs wird dadurch sehr gefördert, oder er setzt sein Feuer auf die Infanterie des Angreifers fort, und dann hat die Kavallerie-Attacke die Wahrscheinlichkeit des Erfolges für sich.

Auch bei der Verfolgung muß die Kavallerie stets danach streben, dem zurückgehenden Gegner die Flanke abzugewinnen, wobei jede Störung des von der Infanterie abgegebenen Verfolgungsfeuers zu vermeiden ist.

Nur wenn es gilt, einen günstigen Augenblick auszunutzen, um sich überraschend auf den Feind jeglicher Truppenart zu stürzen, darf die Kavallerie in der kürzesten Linie und in jeder gerade eingenommenen Gliederung attackiren.

60. Die Divisions-Kavallerie muß so viel wie möglich vereint auftreten. Nur auf diese Weise kann sie bedeutende Erfolge erzielen, während ihre Thätigkeit bei Zersplitterung in kleine Abtheilungen meist eine wirkungslose sein wird. Wenn sie geschlossen gegen die Flanke des Gegners operirt, wird es ihr möglich sein, in die Abstände, die zwischen den einzelnen Linien nach der Tiefe zu bestehen, einzudringen und den Zusammenhang des Gegners zu stören. Wenn es ihr ferner infolge ihrer augenblicklichen Lage nicht möglich ist, sich auf die Flanke des Feindes zu werfen, so darf sie nicht zögern, ihn im günstigen Augenblick auch in der Front zu attackiren, indem sie sich die Lücken zu Nutze macht, die bei den Vorwärts- wie Rückwärtsbewegungen oft in der Schützenkette entstehen. Wirft sie sich

in diese Lücken, so wird es auch möglich sein, die Flanke des Gegners zu gewinnen.

61. Wenn die Divisions-Kavallerie zur Attacke ansetzt, muß sie nothwendigerweise stets eine Reserve ausscheiden. Für gewöhnlich wird es sich empfehlen, zwei Eskadrons im ersten Treffen zu entwickeln und eine etwa 100 bis 150 Schritte dahinter, nach dem äußeren Flügel überragend, in Reserve zu halten. Die Handlichkeit der geringen Masse einer Divisions-Kavallerie macht überraschende Bewegungen gegen die Flanke des Feindes möglich; Manöver, die eine bedeutende Ueberlegenheit in der Zahl völlig ausgleichen können. Die Reserve sichert die äußere Flanke des ersten Treffens, die im Augenblick der Attacke auf die Flanke des Feindes selbstverständlich gefährdet ist. Wenn die Attacke gelingt, so wendet sich die Reserve zur Verfolgung, während sich das erste Treffen sammelt, rasch ordnet und seinerseits in das Verhältniß der Reserve setzt. Wird die Attacke abgeschlagen, so zieht die den Gegner in der Flanke bedrohende Reserve die feindlichen Streitkräfte auf sich und giebt dadurch dem ersten Treffen die Möglichkeit, sich zu sammeln und zu ordnen, um bald wieder gefechtsbereit zu sein. Wenn die Divisions-Kavallerie in die Linien des Feindes oder in die Lücken seiner Schützenkette eindringt, so vergrößert die Reserve die vom ersten Treffen geschaffene Bresche und führt das Gefecht zu Ende.

62. Kavallerie kann, auch allein auftretend, mit Aussicht auf glücklichen Erfolg Infanterie attackiren, wenn diese bereits durch Feuer erschüttert ist. Bei solchen Attacken muß die Kavallerie sich der feindlichen Infanterie so verdeckt als möglich nähern, die Zone wirksamen Feuers in rascher Gangart durchmessen, mit einem Theil eine Scheinattacke in Schwärmen gegen die Front ausführen und sich mit dem in Staffeln geordneten Rest auf die Flanke stürzen; derart, daß die Stöße nacheinander auf denselben Punkt gerichtet werden.

63. Beim Angriff auf feindliche Artillerie wirft die Kavallerie einige Züge in Schwärmen gegen die Geschütze und attackirt mit dem Rest die Bedienungsmannschaft.

64. Bei keiner Gelegenheit genügt die Thatsache, daß die Kavallerie keine feindliche Kavallerie sich gegenüber hat, zur Recht-

fertigung ihrer Unthätigkeit; im Gegentheil trifft jeden Kavallerieführer ein schweres Verschulden, wenn er etwa aus diesem Grunde es unterläßt, aus seiner Truppe den größten Vortheil zu ziehen. Ist es ihm nicht möglich, mit dem Choc (urto) zu wirken, so soll er, statt ein unthätiger Zuschauer des Kampfes zu bleiben, lieber im entscheidenden Augenblick die Mehrzahl seiner Leute absitzen und mit Feuer eingreifen lassen, und zwar immer dann, wenn dieses Eingreifen irgend welchen Nutzen bringen kann.

Uebergang von der Aufstellung in zusammengezogener Ordnung zur Defensive und Entwickelung der Defensive einer Division, die in größerem Verbande kämpft.

65. Bei der Leitung eines Vertheidigungsgefechts muß man sich stets gegenwärtig halten, daß einen lediglich passiven Widerstand, der dem Gegner völlige Freiheit des Handelns läßt, meist das Loos der Niederlage trifft. Im günstigsten Falle kann er nur zu dem Ausgang führen, daß man nicht zur Räumung der eingenommenen Stellung gezwungen wird. Daher darf das Vertheidigungsgefecht nur als eine Vorbereitung für die im günstigen Augenblick zu ergreifende offensive Thätigkeit betrachtet werden.

66. Wenn die allgemeine Lage oder der Erfolg des von der Avantgarde begonnenen demonstrativen Gefechts die Nothwendigkeit auferlegen, in der Vertheidigung zu beharren, so kann die Entwickelung der Division entweder die Verlängerung der von der Avantgarde besetzten Front oder das Einnehmen einer weiter rückwärts gelegenen Stellung zum Ziel haben.

67. Im ersteren Falle hat die Avantgarde die Aufgabe, den Vormarsch und die Besetzung der für das Gros vorgesehenen Stellung zu sichern, indem sie von den wichtigsten Punkten dieser Stellung Besitz nimmt und sie hartnäckig vertheidigt.

68. Im zweiten Falle hat die Avantgarde die Aufgabe, dem Gros die zur Einrichtung in der rückwärts gelegenen Stellung erforderliche Zeit und Ruhe zu gewähren. Sie wird zu dem Zwecke den Feind hinhalten, ihn lange im Dunkeln lassen und ihn möglichst dahin bringen, daß er sich vorzeitig und in einer für sein späteres

Gefecht unvortheilhaften Weise entwickelt. Hierzu muß man ein hinhaltendes Gefecht führen, wozu man die Bataillone und die Batterien vortheilhaft entwickelt und in Staffeln aufstellt.

Beim Zurückgehen auf das Gros der Division muß die Avantgarde sodann die Richtung möglichst auf einen Flügel der vom Gros eingenommenen Stellung nehmen, um die Thätigkeit desselben auf der Hauptfront nicht zu behindern und um demnächst diese Front zu verlängern.

Bei der Auswahl der Stellung für die Avantgarden-Batterie muß man darauf sehen, daß sie einen bequemen Weg zu den rückwärts gelegenen Stellungen hat, die sie beim Zurückgehen auf das Gros einnehmen muß.

69. In beiden vorerwähnten Fällen kann die Kavallerie sowohl durch den Schutz der Flanken, als auch durch Störung und Verlangsamung der Bewegung der feindlichen Truppen vorzügliche Dienste thun.

70. Auch bei defensiver Gefechtsabsicht tritt die Artillerie des Gros im Allgemeinen zuerst in den Kampf.

Wenn die Hauptvertheidigung in der von der Avantgarde schon eingenommenen Stellung erfolgen soll, so muß man die Batterien des Gros, womöglich neben der Avantgarden-Batterie, rasch ins Feuer bringen. Während dieses Abschnitts des Gefechts muß die Artillerie der Vertheidigung versuchen, die Artillerie des Gegners niederzukämpfen, indem sie entweder ihre schon in Thätigkeit befindlichen Theile beschießt, oder indem sie ein lebhaftes Feuer gegen diejenigen Geschütze richtet, welche neu auffahren.

Für den Fall, daß die Hauptvertheidigung in einer rückwärts gelegenen Stellung beabsichtigt ist, müssen die Batterien des Gros gleichfalls rasch in Thätigkeit treten, und zwar zum Theil schon zur Deckung des Rückzuges der Avantgarde; dann auch, um der feindlichen Artillerie gegenüber den Vortheil des früheren Einschießens zu erringen.

71. Die von der Artillerie eingenommene Stellung bildet den wichtigsten Punkt der ganzen Vertheidigung. Von hier aus muß die ausgedehnteste und wirksamste Thätigkeit gegen das Angriffsfeld statthaben. Daher muß man bei der Auswahl dieser Batteriestellungen darauf achten, daß das Feuer so bequem wie möglich vor der

Front und vor dem einen oder anderen Flügel wirksam konzentrirt werden kann.

72. In der Vertheidigung stellt sich die Infanterie für gewöhnlich in drei Treffen auf. Die Ausdehnung der Front kann 1800 bis 2400 m betragen*). Diese letztere Front kann man durch Einsetzen von acht Bataillonen im ersten Treffen erhalten, oder auch, wenn man das zweite und dritte Treffen stärker zu haben wünscht, durch Auseinanderziehen von drei Kompagnien der vordersten Bataillone und Bildung der Gros (des ersten Treffens) aus nur einer Kompagnie.

Während der Entwickelung nutzt man die verfügbare Zeit zur Vertheilung möglichst vieler Patronenpackete an die Truppen aus. Diese Vertheilung ist in der Vertheidigung von einer ganz besonderen Wichtigkeit. Gleichfalls besonders wichtig ist die Verstärkung der Stellung durch Schützengräben und Artillerie-Einschnitte. Eine derartige Verstärkung ist in der Wirklichkeit fast immer möglich.

73. Das erste Treffen richtet seine Feuerlinie vor den Batterien und zwar zum Mindesten 300 oder 400 m vor ihnen ein.

Hierdurch erreicht man ein rasantes Feuer längs des Abhanges der Stellung, wenn diese in welligem Gelände liegt, und auf jeden Fall vermeidet man, daß die Artillerie vorzeitig einem wirksamen feindlichen Artilleriefeuer ausgesetzt wird.

Bei Aufstellung der Truppen des ersten Treffens muß man daran denken, daß ihr wesentlichster Zweck — in der Vertheidigung nicht minder als im Angriff — darin besteht, dem Feinde den größten Abbruch zu thun, während erst in zweiter Linie, wenn auch sehr ernstlich, die Deckung der Truppen gegen feindliche Sicht und feindliches Feuer in Betracht zu ziehen ist. Alle Maßregeln, welche diesen zweiten Zweck zum Nachtheil des ersteren ins Auge fassen und so die Wirksamkeit des eigenen Feuers vermindern, müssen demnach als schwere Fehler bezeichnet werden. Daher ist auch weiterhin diejenige Stellung als grundschlecht anzusehen, welche kein wirksames Feuer gegen den Angreifer erlaubt, mögen ihre Verhältnisse sonst noch so befriedigend sein.

---

*) Dementsprechend kann ein Armee-Korps, welches mit den beiden Divisionen nebeneinander eine Vertheidigungsstellung einnimmt, eine Front von 3600 bis 4800 m Breite haben.

74. Das zweite Treffen nimmt diejenige Gliederung an, die es am besten vor Verlusten durch feindliches Feuer sichert. Es ist übrigens jederzeit zur Unterstützung des ersten Treffens bei der Hand.

75. Das dritte Treffen stellt sich gedeckt gegen feindliches Feuer so auf, daß es am bedrohtesten Punkte der Front Unterstützung bringen oder vom Feinde etwa versuchten Flankenangriffen entgegentreten oder schließlich auch zum Gegenangriff auf einem Flügel des Feindes vorgehen kann.

76. Nachdem die Kavallerie den in Nr. 69 erläuterten Aufgaben gerecht geworden, zieht sie sich in gleicher Weise, wie in Nr. 35 gesagt, auf einen Flügel der Division zurück.

Sie muß sich möglichst in Deckungen halten, ohne indessen mit dem Spähen nach günstigen Gelegenheiten zum Eingreifen aufzuhören. Sie verhält sich also so, wie in den Nrn. 47, 58, 59, 60, 61, 62, 63 und 64 auseinandergesetzt wurde.

77. Wie bereits gesagt, müssen die Batterien der Division so rasch als möglich in Thätigkeit treten, um die Truppen der Avantgarde zu schützen, die Artillerie des Angreifers zu bekämpfen und dem Gegner beträchtliche Verluste zuzufügen, bevor er in den Bereich des wirksamen Gewehrfeuers der Hauptstellung eintritt. Um diesen letzteren Zweck zu erreichen, müssen die Batterien der Vertheidigung während jedes Gefechtsabschnittes ihr Feuer gegen stärkere Abtheilungen feindlicher Infanterie richten, die in guter Schußweite sichtbar werden. Beim Fortgang des Gefechts sind hauptsächlich diejenigen Augenblicke für sie vortheilhaft, in denen die Batterien des Angreifers nach vorwärts Stellung wechseln.

Hin und wieder kann es auch vorkommen, daß der Angreifer eine starke Ueberlegenheit an Geschützen entwickelt, so daß es klar zu Tage tritt, daß die Artillerie der Vertheidigung bei Fortsetzung des Kampfes binnen Kurzem dem überlegenen Feuer des Gegners erliegen werde. In diesem Falle kann es angezeigt sein, daß die Artillerie der Vertheidigung eine andere Stellung nimmt, von wo aus sie das Feuer fortsetzt; oder auch, daß sie, sofern das Gelände es ermöglicht, den Kampf für den Augenblick aufgiebt und in Deckung geht. Dabei hält sie sich bereit, im günstigen Augenblick überraschend gegen die feindliche Infanterie, zumal wenn diese zum Angriff ansetzt, das Feuer wieder zu eröffnen.

78. So lange der Feind über 1000 m entfernt ist, werden die zur Bildung der Schützenlinie und der Unterstützungstrupps bestimmten Kompagnien des ersten Treffens, die noch in geschlossener Ordnung stehen, Salvenfeuer gegen die im Schußbereich befindlichen Batterien des Angreifers abgeben, sowie auch gegen Truppenabtheilungen, die in geschlossener Ordnung vorrücken (vergl. Nr. 46).

79. Wenn der Feind bis auf näher als 1000 m herankommt, lösen sich die zur Bildung der Schützenkette bestimmten Züge auf und eröffnen das Feuer gegen die feindlichen Schützen.

80. Sobald man aus den Maßnahmen des Feindes sowie aus der Richtung und Stärke seines Feuers erkennen kann, wohin der Hauptangriff gerichtet werden wird, begeben sich die Unterstützungstrupps und Gros der direkt bedrohten Truppen sofort bis in die Höhe ihrer Schützen, um dem Angreifer vermittelst nachhaltigen Feuers möglichst große Verluste zuzufügen. Gleichzeitig zieht sich das zweite Treffen ganz oder zum Theil hinter dem bedrohtesten Abschnitt (tratto) des ersten Treffens zusammen und schließt bis auf 200 m auf dasselbe auf, um zu seiner Unterstützung bereit zu stehen.

81. Kommt der feindliche Angriff bis auf 150 oder 200 m heran, so beginnt das erste — wie gesagt, nunmehr ganz in der Schützenlinie vereinte — Treffen mit Magazinfeuer, und das zweite Treffen schließt noch näher auf, um erforderlichenfalls das erste Treffen zu verstärken oder sofort einen Gegenstoß gegen feindliche Abtheilungen zu führen, denen es etwa gelingen sollte, in einen Theil der Stellung einzubrechen.

82. Das dritte Treffen, welches stets unter dem unmittelbaren Befehl des Divisionskommandeurs geblieben ist, wird nach Maßgabe jedes einzelnen Falles und nach den vorher getroffenen Bestimmungen zum Ausgleich von Schlappen (scacchi), welche das erste und zweite Treffen erlitten, oder zur Gegenoffensive verwandt.

83. Wenn der Feind es verabsäumen sollte, den Angriff gegen einzelne Theile der Frontstellung zu richten, so würde die Leitung der hier stehenden Truppen ein Vorwurf treffen (da condannarsi), wenn sie passive Zuschauer des Kampfes bleiben sollten. Ihr Ein-

greifen in das Gefecht kann in der Weise erfolgen, daß sie die angegriffenen Truppen direkt unterstützen, oder daß sie eine Gegenbewegung auf die Flanke des Feindes unternehmen. Diese zweite Verwendungsart der nicht direkt angegriffenen Truppen kann zu rascheren und bedeutenderen Erfolgen führen, als die sofortige Unterstützung des angegriffenen Theils.*)

84. Im Augenblick des Anlaufs (assalto) richtet die ganze Artillerie ein lebhaftes Feuer gegen denjenigen Theil der gegnerischen Infanterie, welche den hauptsächlichsten Kern (nerbo) des Anlaufs bildet. Von diesem Augenblick an bis zum Fallen der endgültigen Entscheidung besteht die Aufgabe der Artillerie allein im Feuern aus allen Geschützen gegen die anstürmende Infanterie. Sie darf sich dabei durchaus nicht um die Möglichkeit eines Geschützverlustes kümmern und muß ohne Pause den Kampf mit allen Feuerschlünden, die noch nicht außer Gefecht gesetzt sind, fortsetzen. Kein Geschütz darf ohne ausdrücklichen Befehl des Divisionskommandeurs zurückgehen.

85. Wird der Angriff zurückgewiesen, so verfolgen Infanterie und Artillerie den abziehenden Feind mit Feuer. Die Kavallerie geht sofort zur Verfolgung des Feindes vor, um die Unordnung in seinen Reihen zu vermehren und ihn zu verhindern, sich in der Nähe des Gefechtsfeldes wieder zu ordnen.

Besondere Regeln für die Defensive einer Flügel-Division.

86. Beim Auffahren der Artillerie einer Flügel-Division muß man auf Wirksamkeit nach der äußeren Flanke hin sehen. Hierdurch

*) Unter allen gegenoffensiven Unternehmungen, die von der Vertheidigung ausgehen können, sind die Flankenstöße seitens der nicht direkt angegriffenen Truppen die wirksamsten. Denn naturgemäß könnten gegenoffensive Unternehmungen seitens der in der Feuerlinie befindlichen Truppen nicht ohne Unterbrechung des Feuers gerade in seiner mörderischsten Wirksamkeit stattfinden und würden auf die Stärke des Feindes treffen. Gegenoffensive Unternehmungen seitens der außerhalb der Angriffsrichtung stehenden Truppen werden dagegen sehr wirksam sein, weil sie, vermittelst eines Frontwechsels in die Flanke des Feindes geführt, seine schwächste Seite treffen, die direkt angegriffenen Truppen nicht zur Einstellung des Feuers zwingen und obendrein häufig, da der Feind sie nicht vorausgesehen hat, den Charakter der Ueberraschung an sich tragen.

wird der Angreifer, der etwa eine Umfassung beabsichtigen sollte, zu weit ausholenden Bewegungen gezwungen, wodurch für die Vertheidigung Zeit zu Gegenmaßnahmen gewonnen wird.

87. Bei Aufstellung des dritten Treffens einer Flügel-Division muß man darauf achten, daß es je nach den Umständen sowohl zum Eingreifen in der Front, als auch zur Abwehr feindlicher Flankenangriffe, endlich auch zur Unterstützung einer etwa beabsichtigten Gegenoffensive bereit stehen muß.

88. Hat die Kavallerie einer Flügel-Division ihre in Nr. 69 näher bezeichnete Aufgabe erfüllt, so sammelt sie sich seitwärts der äußeren Flanke und verhält sich, wie in Nr. 50 gesagt.

Besondere Regeln für das defensive Gefecht einer selbstständig kämpfenden Division.*)

89. Für die Anordnung der Defensive einer selbstständig auftretenden Division ist es von hoher Bedeutung, die Artillerie möglichst auf demjenigen Flügel aufzustellen, wo am meisten ein umfassender Angriff des Feindes zu fürchten ist. Es gelten dieselben Gesichtspunkte, wie in Nr. 86 angeführt.

90. Die selbstständige Division gliedert sich in der Defensive in der Regel in zwei Treffen und eine Reserve**). Die Aufgabe der Reserve ist gleichlautend mit dem, was in Nr. 87 über das dritte Treffen einer Flügel-Division gesagt ist.

91. Der Kavallerie einer selbstständig auftretenden Division liegt es ob, während des ganzen Verlaufes des Gefechts in beiden Flanken der Stellung aufzuklären. Hat sie ihren Auftrag gemäß Nr. 69

---

*) In Bezug auf selbstständig auftretende Abtheilungen muß man sich ganz besonders gegenwärtig halten, was in den Vorbemerkungen zu diesen „Regeln" hinsichtlich der Freiheit in der Wahl der Mittel, wie sie einem Truppenführer eingeräumt werden muß, gesagt ist.

**) Bei der selbstständig auftretenden Division giebt man denjenigen Truppen den Namen „Reserve", die bei den im Verbande fechtenden Divisionen das dritte Treffen heißen; hierdurch kommt ihr Zweck, zu Manövern in der Hand des Divisionskommandeurs zu dienen, besser zum Ausdruck.

erfüllt, so sammelt sie sich zum größten Theil auf derjenigen Flanke, gegen welche der Feind voraussichtlich eine umfassende Bewegung unternehmen wird. Sie verfährt dann nach Nr. 50.

Besondere Regeln für die Besetzung von Stellungen außerhalb des Berührungsbereichs mit dem Gegner.

92. Wenn der Feind sich noch weitab befindet, und wenn man die Absicht hat, zeitweilig in der Defensive zu bleiben, so sucht man eine günstige Stellung in der wahrscheinlichen Anmarschrichtung des Feindes aus und verstärkt sie auf jede Weise durch Schützengräben und anderweitige Erdwerke für die Infanterie. Diese Erdwerke können in welligem Gelände mehrere schachbrettartig hintereinanderliegende Feuerlinien bilden, derart, daß alle Annäherungswege zur Stellung mit nachhaltigem Feuer zu überschütten sind. Gleichfalls muß man günstige Artilleriestellungen vorbereiten, sei es durch Eingrabungen und Einschnitte, sei es durch Säuberung des Schußfeldes und Gangbarmachung von Wegen zur Stellung, wie auch endlich durch Abmessung der Entfernungen nach den wichtigsten Punkten des Angriffsfeldes. Wo immer möglich, wird man in der Stellung stets ein geschlossenes Bollwerk (ridotto) als Stützpunkt der Vertheidigung einrichten. Zum Schluß muß man alle Hindernißmittel aus dem Wege räumen, welche für die rasche Unterstützung des ersten Treffens durch das zweite oder für die Aufstellung der Reserven störend sein könnten.

93. Da auch der Fall eintreten kann, daß der Feind von einer anderen Richtung her kommt, wie angenommen, z. B. von einer Flanke der ausgesuchten Stellung her, so wird der Divisionskommandeur gut thun, wenn er auch diejenigen Stellungen, welche die Truppen seitlich einnehmen könnten, untersucht und untersuchen läßt.

94. So lange man aus der Gesammtheit der Nachrichten über den Feind noch nicht den Schluß ziehen kann, welche Richtung er einschlägt, werden nur die hauptsächlichsten Punkte der gewählten Stellung mit einigen Truppenabtheilungen besetzt. Die übrig bleibenden

Truppen werden weiter rückwärts verdeckt und in geschlossener Ordnung aufgestellt.

Sobald der Feind gemeldet wird, können diese Truppen sich ohne Verzug in die von den obenerwähnten Abtheilungen besetzte Stellung begeben, oder auch in eine seitlich gelegene, wenn der Feind in einer anderen Richtung, wie ursprünglich angenommen, erscheint.

Wären dagegen die Truppen der Division von vornherein in der vorbereiteten Stellung entwickelt worden, bevor man noch ausreichende Nachrichten über den Feind hatte, so würde beim Erscheinen des Feindes aus einer anderen Richtung die Besetzung einer neuen Stellung nicht ohne schwerwiegenden Verlust an Zeit und jedenfalls nicht mit Ruhe und Ordnung — überaus wichtige Erfordernisse für Truppen, die in ein Gefecht treten sollen — durchgeführt werden können.

Hält man aber den größten Theil der Truppen der Division zurück, so erzielt man außer dem schon angedeuteten noch einen Vortheil: man vermag rasch zur Gegenoffensive überzugehen, wenn die augenblickliche Lage sie angerathen erscheinen läßt. Sie würde dagegen nicht leicht durchführbar sein, wenn alle Truppen von vornherein in der Stellung entwickelt wären.

95. Inzwischen wird die Kavallerie nach vorn und in den Flanken vorgesandt, um das Erscheinen des Gegners rechtzeitig zu melden und die Marschrichtung seiner Kolonnen zu erkunden.

96. Vorwärts der Stellung richtet man eine Vorpostenlinie ein. Aufgabe dieser Vorposten ist: Rückhalt für die eigene Kavallerie zu sein; dem Gegner so lange wie möglich die Maßnahmen der Vertheidigung verborgen zu halten; ihn zur Entwickelung seiner Kolonnen zu zwingen und hierdurch die Richtung des Angriffs so rechtzeitig zu enthüllen, daß die Vertheidigung die Truppen des ersten Treffens in Stellung bringen und über die des zweiten und die Reserve in angemessener Weise verfügen kann.

Um dieser Aufgabe gerecht zu werden, empfiehlt es sich, die Vorposten beim Zurückgehen solche vorwärts gelegenen Punkte besetzen zu lassen, welche — innerhalb des Bereiches der Artilleriewirkung aus der Hauptstellung gelegen — sich am besten zum Aufhalten des feindlichen Vorrückens eignen.

Zur Unterstützung dieser vorgeschobenen Posten eröffnet die Artillerie ihr Feuer nur mit einer beschränkten Geschützzahl, um nicht vorzeitig die eigene Stärke sowie die getroffenen Maßnahmen zu verrathen; sie behält sich den überraschenden Eintritt in das Gefecht mit allen Geschützen für den Augenblick vor, in dem der Gegner sich anschickt, seine Batterien in Stellung zu bringen, und starke Infanterie-Abtheilungen bis in den wirksamen Schußbereich der Artillerie vorrücken.

97. Der Widerstand darf seitens der vorgeschobenen Posten nicht über die Erreichung des angestrebten Zweckes hinausgehen. Wenn daher der Feind zur Entwickelung und zur Enthüllung seiner Angriffsrichtung gezwungen ist, so läßt der Divisionskommandeur oder auch der Vorpostenkommandeur auf Grund der ihm vom Divisionskommandeur gegebenen Vorschriften die mit Besetzung der vorgeschobenen Posten beauftragten Truppen unter dem Schutz der Artillerie auf die Hauptstellung zurückgehen, wobei die Maskirung des Feuers des Gros zu vermeiden und zu versuchen ist, den Feind durch die Richtung des eigenen Rückzuges möglichst lange über die Maßnahmen der Vertheidigung in Unkenntniß zu halten.

98. Auf keinen Fall darf man sich zur Verstärkung der vorgeschobenen Posten hinreißen lassen, damit man nicht — gegen seinen Willen — dahin gebracht wird, sich nicht in der vorbereiteten Stellung, sondern in einer weiter vorwärts gelegenen zu schlagen. Da man letztere nicht von vorn herein ausgesucht hat, muß sie nothwendigerweise der Vertheidigung weniger Vortheile bieten.

99. Zwingen die Verhältnisse zur Vertheidigung einer sehr ausgedehnten Stellung, so empfiehlt es sich meist, die Truppen nicht auf der ganzen Front zu verzetteln (disperdere), weil man dann an allen Punkten schwach ist, sondern sich auf eine Vertheidigung durch geschickte Manöver (difesa manovrata) zu beschränken. Man besetzt dann den wichtigsten Abschnitt der Stellung mit einem Theil der Truppen und stellt den Rest weiter rückwärts geschlossen dort auf, von wo man den vom Feinde etwa angegriffenen Abschnitt am leichtesten besetzen kann, oder von wo sich am leichtesten und wirksamsten mit der Gegenoffensive vorgehen läßt.

In solchen Fällen muß man die aufklärende Kavallerie so weit wie möglich vorsenden und auf die Aufstellung der Vorposten eine besondere Sorgfalt verwenden, da von ihrem Verhalten hauptsächlich die Möglichkeit von Gegenbewegungen abhängt.

Verfolgung und Rückzug.

100. Wenn der Erfolg des Tages im Rückzug des Feindes besteht, so können die Früchte des Sieges nur durch sofortige und nachhaltige Verfolgung gesammelt werden. Hierbei sind vor allen Dingen die Flanken seiner Marschrichtung ins Auge zu fassen; wie groß auch die Erschöpfung von Mann und Pferd sein mag: sie wird immer geringer sein als beim Besiegten, da seine moralische Kraft gebrochen ist.

Die Kavallerie ist die geeignetste Waffe für nachhaltige Verfolgungen. Uebrigens können sich alle Waffen wirksam an der Verfolgung betheiligen, wobei selbst tollkühne Unternehmungen gerechtfertigt sind und nur eine zu große Vorsicht tadelhaft erscheint.

Besonders ist es die Aufgabe der Kavallerie, die Fühlung mit dem Feinde nicht zu verlieren.

101. Der Entschluß, den Rückzugsbefehl zu geben, ist der folgenschwerste und verantwortlichste, den ein Führer fassen kann. Er kann nur durch sehr zwingende (potenti) Gründe gerechtfertigt werden. Wenn der Kampf einmal entbrannt ist, so muß man immer des bekannten Satzes eingedenk sein, daß „eine Schlacht nicht eher verloren ist, als bis man sie dafür hält".

102. Als vorgängige Maßnahme jeder Rückzugsbewegung ist stets die Räumung der von den Truppen zu benutzenden Straßen — besonders von Fuhrwerk — anzuordnen.

103. Der Rückzug kann vor Einlassung in ein ernsteres Gefecht mit dem Gegner begonnen werden, wenn der Divisionskommandeur nach seiner Beurtheilung der Lage den schwerwiegenden Entschluß für angezeigt erachtet, das Gefecht nach den ersten Scharmützeln der Avantgarde oder der Vorposten abzubrechen, oder wenn er den Befehl dazu erhält.

Tritt einer dieser Fälle ein, so geht die Divisions-Artillerie unter dem Schutze einiger Bataillone in Stellung, um durch ihr Feuer das Zurückgehen der vorgeschobenen Truppen zu decken und dem Gros Zeit zum Abzug zu geben. Zur Erreichung dieses zweiten Zweckes helfen die vorgeschobenen Truppen, ordnungsmäßig zurückgehend, mit; ist er erreicht, so decken sie im Verein mit den zum Schutze der Artillerie bestimmten Bataillonen deren Abzug in eine zweite weiter rückwärts gelegene Stellung, wenn das Nachdrängen des Feindes dies erforderlich erscheinen läßt.

Die Kavallerie sichert in diesem wie auch in den übrigen Fällen des Rückzugs, worüber weiter unten die Rede sein wird, die Flanken der eigenen Truppen und bedroht gleichzeitig die des Feindes; sie nimmt alle für das Eingreifen günstigen Gelegenheiten wahr, um das Vorwärtsdringen des Feindes aufzuhalten und die eigene Infanterie zu entlasten.

104. Es kann der Fall eintreten, daß man den Rückzugsbefehl geben muß, wenn schon das Gros der Division in das Gefecht verwickelt, der entscheidende Augenblick aber noch nicht herangekommen ist, und zwar in Ausführung erhaltener Befehle, wenn z. B. der übrige Theil der Schlachtlinie vor dem Feinde hat zurückgehen müssen. Tritt eine solche Lage ein, so läßt der Divisionskommandeur von einem Theil des zweiten oder dritten Treffens, sowie von ein oder zwei Batterien eine rückwärts gelegene Aufnahmestellung besetzen. In dieser Stellung findet die Artillerie möglichst auf demjenigen Flügel Verwendung, der am ersten von den zurückgehenden Truppen des ersten Treffens demaskirt sein wird; die Infanterie stellt sich unter Ausscheidung einer entsprechenden Reserve in Gefechtsgliederung auf.

Nach Beendigung dieser vorbereitenden Maßnahmen, während welcher die in Stellung verbliebene Infanterie und Artillerie durch Fortsetzung des Feuers dem Gegner die Absicht, das Gefecht abzubrechen, zu verheimlichen suchen, ziehen sich diese Truppen unter dem Schutze der in der Aufnahmestellung stehenden zurück und vereinigen sich dort mit letzteren.

Der Divisionskommandeur wird die so im Gefecht eingetretene Ruhepause zur Einleitung der rückgängigen Bewegung ausnutzen.

Wenn der Gegner lebhaft nachdrängt, so werden, um ihn aufzuhalten, nacheinander verschiedene Stellungen in derselben Weise, wie soeben gesagt, besetzt.

105. Der Rückzug kann schließlich auch die Folge eines verunglückten Angriffs oder einer erschöpften Vertheidigung sein. Wenn alle Truppen eingesetzt waren, wie es bei einem ernstlichen Angriff, sowie bei einer hartnäckigen Vertheidigung der Fall zu sein pflegt, so beruht die größte Wahrscheinlichkeit, sich dem Sieger zu entziehen, auf der im Gefecht entwickelten Energie. Denn wenn der Angreifer gezwungen war, alle seine Truppen zu verwenden, so wird seine Kraft auch in dem Maße geschwächt sein, daß er nur schwer eine sofortige wirksame Verfolgung aufnehmen kann.

Ist der Rückzug die Folge eines nicht gelungenen eigenen Anlaufs, so leistet die Artillerie, wie schon gesagt, der Infanterie den kräftigsten Schutz, indem sie das Feuer, unbekümmert um die Möglichkeit des Verlustes einzelner Geschütze, fortsetzt.

Ebenso muß die aus einer Stellung vertriebene Infanterie an der eigenen Artillerie einen Stützpunkt finden. Daher muß die Artillerie ihr Feuer fortsetzen, so lange nur ein Geschütz auf der Laffete und Bedienungsmannschaften dafür vorhanden sind. In dem einen wie im anderen Falle darf die Artillerie unter keinen Umständen ohne den ausdrücklichen Befehl des Divisionskommandeurs die Stellung verlassen; trifft dieser Befehl ein, so geht sie mit der Infanterie — und zwar wenn möglich aufmarschirt — im Schritt zurück, jeden Augenblick zum Aufhalten des Feindes durch ihr Feuer bereit.

106. Auf jeden Fall wird der Kommandeur daran denken, daß man auch beim Rückzuge eine Haltung bewahren muß, die dem Gegner Achtung einflößt; er wird daher jede sich bietende Gelegenheit zu kurzen, aber kraftvollen Offensivstößen benutzen, welche den Feind zeitweilig aufhalten oder zum Mindesten die Wucht der Verfolgung abschwächen und dadurch ermöglichen werden, die Rückzugsbewegungen mit der zur Vermeidung von Unordnung so erforderlichen Ruhe auszuführen.

Zur Bewahrung dieser Ruhe wird man zweckmäßig stets darauf halten, daß alle rückgängigen Bewegungen im Schritt ausgeführt werden. Dieser Fingerzeig gilt für alle Waffen, ist aber von besonderem Werth für die Artillerie und Kavallerie.

Die Vorschrift, gegenoffensiv aufzutreten, gilt unbedingt, wenn man eine Stellung räumen muß, von welcher aus der in sie eingedrungene Feind die zurückgehenden Truppen schwer schädigen könnte, ohne daß es den letzteren möglich wäre, in der Nähe eine andere zum Aufhalten des Feindes günstige Stellung zu finden.

Wird so verfahren, so wird in der eigenen Truppe das Selbstvertrauen lebendig bleiben.

Allgemeine Regeln für die Verwendung starker Kavalleriekörper in Verbindung mit reitender Artillerie.

107. Wenn ein starker Kavalleriekörper (Division oder Brigade) sich in der Nähe des Feindes befindet und des Eintretens in das Gefecht gewärtig sein muß, nimmt er geschlossene oder abwartende Gliederung ein, wobei für gewöhnlich die Aufstellung in Regiments- und Brigademassen, hintereinander, gewählt wird.

Das Gelände, in dem ein Kavalleriekörper sich derart versammelt aufhält, muß freie und rasche Entwickelung gestatten und der feindlichen Sicht möglichst entzogen sein.

In einer derartigen Stellung darf die Kavallerie nicht verabsäumen, sich durch geeignete Aufklärung vor Ueberraschungen zu sichern.

108. Wenn der Augenblick des Eintretens in das Gefecht herankommt, geht man von der Aufstellung in geschlossener Ordnung zur Aufstellung in mehreren Treffen über.

109. Ein starker Kavalleriekörper führt das Gefecht für gewöhnlich in drei Treffen.

110. Im selbstständigen Gefecht gegen Kavallerie muß das erste Treffen so stark gemacht werden, daß die größte Wahrscheinlichkeit gewährleistet ist, mit ihm allein schon den Feind zu schlagen.

Daher wird man in der Mehrzahl der Fälle zweckmäßig die Hälfte der verfügbaren Truppen in das erste Treffen stellen und den Rest auf die beiden übrigen Treffen vertheilen.

So würden bei einer Kavallerie-Division das erste Treffen in der Regel aus einer Brigade und die zwei anderen aus je einem

Regiment bestehen; tritt eine Brigade selbstständig auf, so wird man ein Regiment in das erste Treffen nehmen und die beiden anderen aus je einem Halbregiment bilden.

111. Der Abstand des zweiten und dritten Treffens vom ersten beträgt in der Regel 250 bezw. 400 Schritt.

112. Dem ersten Treffen liegt die Aufgabe ob, den Hauptstoß gegen den Feind zu führen. Es muß denselben möglichst in breiterer Front, als der Feind einnimmt, durchführen, um sich durch einen Angriff auf die Flanken vermittelst der Flügel-Schwadronen oder durch Ueberrennen eines Flügels die größte Wahrscheinlichkeit auf Erfolg zu sichern.

Die Flügel-Schwadronen handeln, mag sich ihnen die Gelegenheit zu einem Angriff auf die feindlichen Flanken bieten oder müssen sie einem feindlichen Flankenangriff entgegengehen, nach dem selbstständigen Entschluß ihrer Führer. Diesen liegt daher auch die Verpflichtung ob, die Entwickelung des Gefechts aufmerksam zu beobachten.

113. Das erste Treffen einer Kavallerie-Division besteht in der Regel aus zehn Schwadronen in erster Linie und zwei zur Unterstützung dahinter.

Es ist die Aufgabe dieser Unterstützungs-Schwadronen, sich auf die feindlichen Abtheilungen zu werfen, denen der Einbruch in die erste Linie an irgend einer Stelle gelungen sein sollte, sowie auch dort in das Handgemenge einzugreifen, wo etwa der Ausgang zweifelhaft erscheinen sollte. Die Führer dieser Schwadronen müssen ihrer Aufgabe durch Handeln nach selbstständigem Entschluß gerecht werden.

114. Hat man es mit einem Gegner zu thun, der gewohnheitsmäßig mit breiten Fronten auftritt, so wird man zweckmäßig alle zwölf Schwadronen der Brigade des ersten Treffens in die erste Linie stellen und zur Unterstützung zwei Schwadronen von dem Regiment des dritten Treffens heranziehen, so daß dasselbe nur noch aus vier Schwadronen besteht.

115. Zur Unterstützung der in der ersten Linie des ersten Treffens einer selbstständig auftretenden Brigade entwickelten Schwadronen wird in entsprechender Weise verfahren, wie in Nr. 113 und 114 aus-

einandergesetzt. Diese Unterstützung kann dann auch aus nur einer einzigen Schwadron bestehen.

116. Das zweite Treffen, welches auf dem äußeren oder auf dem gefährdetsten Flügel des ersten Treffens übersteht (debordirt), soll feindlichen Abtheilungen, die das erste Treffen in der Flanke bedrohen, seinerseits in die Flanke fallen oder auch die Flanke des ersten feindlichen Treffens während des Handgemenges durch Einschwenken (movimento di conversione) angreifen.

117. Das dritte Treffen bleibt als Reserve in der Hand des Führers. Es wird eingesetzt, sobald von seinem Eingreifen die Erringung des Sieges abhängt.

Je nach den Verhältnissen steht es hinter der Mitte oder hinter dem am wenigsten gefährdeten Flügel des ersten Treffens.

Es ist seine Aufgabe, mit einem Theil seiner Kräfte erforderlichenfalls das erste Treffen vor etwaigen umfassenden Angriffen des Feindes auf diesem Flügel zu sichern.

118. Beim Vorrücken gegen den Feind in Treffen formirt sich das erste Treffen zunächst in Linie in Kolonne (in linea in colonne).

In dieser Gliederung kann es leicht die Angriffsrichtung ändern, ein sehr nothwendiges Erforderniß, da das erste Treffen jeden Augenblick bereit sein muß, die Flanken des sich ordnenden Gegners anzugreifen oder ihn mit einem Theil der verfügbaren Kräfte von der Seite zu umfassen, oder auch entsprechenden Bewegungen des Feindes entgegenzutreten.

Der Aufmarsch des ersten Treffens zur Linie darf erst erfolgen, wenn Angriffsrichtung und -Front feststehen.

Nur wenn feindliches Artilleriefeuer es erheischt, darf der Aufmarsch zur Linie für das erste Treffen schon früher stattfinden.

119. Das zweite Treffen setzt sich gleichzeitig mit dem ersten in Kolonnenlinie.

120. Die gewöhnliche Aufstellung des dritten Treffens bis zum Augenblick des Eingreifens ist die eng geschlossene (la massa), da sie es am sichersten in der Hand des Kommandeurs hält.

121. Gegen Infanterie wendet man die Gliederung in drei gleichstarken Treffen an, das eine hinter dem anderen. Sie folgen sich mit geringem Abstand und werfen sich nacheinander auf den Feind.

Das erste Treffen attackirt im Schwarm, die anderen in Linie. Hierbei empfiehlt es sich, stets eine Staffel noch weiter rückwärts bereit zu halten, um sie erforderlichenfalls der zur Unterstützung ihrer Infanterie herbeieilenden Kavallerie entgegenzuwerfen.

Bietet sich eine günstige Gelegenheit für den Angriff auf Infanterie, nachdem man schon die gewöhnliche Aufstellung gegen Kavallerie angenommen hat, so geht man ohne Zeitverlust beim Ansetzen der Attacke selbst zu der vorerwähnten Gliederung über. Verfügt man über eine Division, so läßt man das eine Regiment des ersten Treffens zur Schwarmattacke anreiten; das andere zieht sich hinter das vordere und attackirt in derselben Richtung in Linie. Ebenso verfährt das Regiment des zweiten Treffens, welches in der neuen Gliederung dadurch zum dritten Treffen wird. Das Regiment des dritten Treffens in der ursprünglichen Gliederung bildet den Rückhalt gegen feindliche Kavallerie, die etwa zur Unterstützung ihrer Infanterie herbeieilen sollte. Verfügt man über eine Brigade, so verhält sie sich in sinngemäßer Weise.

122. Die reitende Artillerie ist ein wichtiges Element für den Erfolg eines selbstständig auftretenden Kavalleriekörpers, da sie dessen Wirkungsbereich erweitert, und zwar durch Ueberwinden des etwa in Defilees (strette), Häusern u. s. w. zu Tage tretenden feindlichen Widerstandes, sowie durch Verstärkung von zeitweilig zu haltenden Punkten.

Sie gestattet auch die Vorbereitung des Kavallerieangriffs gegen Infanterie durch Erschütterung der letzteren.

Dagegen sind die Augenblicke, in denen selbst die beweglichste Artillerie beim Gefecht von Kavallerie gegen Kavallerie eingreifen kann, sehr kurz.

123. Wenn einem Kavalleriekörper mehrere Batterien beigegeben sind, so müssen sie vereint unter dem Befehl des Abtheilungskommandeurs (commandante di brigata), der auch persönlich das Feuer leitet, auftreten.

Diese Maßnahme findet ihre Empfehlung in der Thatsache, daß es in der Mehrzahl der Fälle auf einen raschen Erfolg an einem bestimmten Punkte durch Vereinigung des Feuers ankommt.

124. Der rasche Wechsel in den Verhältnissen schließt beim Kavalleriegefecht die Möglichkeit von Stellungswechseln der Artillerie während des Gefechts selbst aus.

125. Die Artilleriestellung muß so gewählt werden, daß sie die Bewegungen der Kavallerie nicht hindert und die Abgabe von Feuer vor und während des Gefechts zuläßt, sowie den Angriffen des Gegners nicht unmittelbar ausgesetzt ist. Aus diesem letzteren Grunde muß die Artillerie in der Regel Stellung auf dem am wenigsten gefährdeten Flügel nehmen.

126. Damit die Artillerie ungesäumt zur Deckung des Aufmarsches und zur Vorbereitung der Attacke in das Gefecht eingreifen kann, muß sie gewöhnlich mit den Truppen des ersten Treffens marschiren und ihr Feuer auf denjenigen Theil der feindlichen Kavallerie richten, der zuerst attackirt werden soll. Sollte indeß die eigene Kavallerie den Aufmarsch nicht sofort ausführen können, so muß die Artillerie die feindliche Artillerie aufs Ziel nehmen, um deren Feuer möglichst auf sich zu ziehen.

Die Kavallerie darf sich hinsichtlich ihrer Thätigkeit nicht von dem etwaigen Erfolge der Artillerie gegen die feindliche Kavallerie bestimmen lassen.

Sie muß attackiren, sobald sie aufmarschirt ist, ohne sich darum zu kümmern, ob eine Vorbereitung durch Feuer stattgefunden hat oder nicht, damit ihr nicht die Gelegenheit zu der stets zu erstrebenden Initiative im Gefecht entgeht.

127. Die Artillerie kann ihr Feuer dem Feinde auch während der Attacke fühlbar machen, wenn sie nur weit genug seitwärts von der Kavallerie Stellung nimmt. Vermag sie nicht mehr zu treffen, so protzt sie auf und wartet den Ausgang der Attacke ab, ihr Augenmerk darauf richtend, daß sie nicht in das Handgemenge verwickelt wird.

128. Gelingt die Attacke, so folgt die Artillerie der Kavallerie unmittelbar, um den Widerstand zu brechen, den der Feind nach und nach noch leisten könnte. Ist dagegen die Attacke abgeschlagen, und gestattet das Gelände keinen längeren Widerstand auf demselben Fleck, so geht die Artillerie unverzüglich in eine rückwärts gelegene Stellung zurück, von wo sie den Abzug der eigenen Kavallerie decken kann.

129. Schutz der Artillerie ist im Allgemeinen Sache desjenigen Treffens, welches sich ihr am nächsten befindet. Um jedoch die Thätigkeit der Kavallerie nicht zu hemmen, giebt man der Artillerie zweckmäßig eine besondere Bedeckung bei, die in der Stärke eines Zuges oder einer Schwadron unter Umständen, d. h. wenn das Gelände es rathsam erscheinen läßt, auch zu Fuße fechten darf.

130. Wenn ein Kavalleriekörper, der einen Theil der Schlachtlinie ausmacht, zeitweilig unthätig bleiben muß, so soll seine Artillerie nicht zurückgehalten werden, sondern in das Gefecht eintreten, und zwar, wenn möglich, neben der bereits im Feuer befindlichen übrigen Artillerie. Erst nach errungenem Siege schließt sie sich von Neuem ihrer Kavallerie an, um sie bei der Verfolgung zu unterstützen.

131. Jeder Kavallerieführer, wie auch im Allgemeinen jeder Truppenführer muß sich beständig die Frage vorlegen, ob und wie er wohl seine Truppe von der eingenommenen Stellung aus ganz oder zum Theil aufmarschiren und in den Kampf treten lassen könnte.

132. Dem Führer eines starken Kavalleriekörpers, welcher im Verein mit anderen Truppen auftritt, muß die größte Freiheit im Handeln gelassen werden. Er ist für die angemessene und rasche Verwendung im günstigen Augenblick und aus eigenem Entschluß verantwortlich und darf nicht erst den Befehl zum Attackiren abwarten, wenn sich ihm eine günstige, vielleicht rasch vorübergehende, Gelegenheit bietet.

Um über den Gang des Gefechts stets auf dem Laufenden zu sein, muß er in steter Verbindung mit dem Führer bleiben, dem seine Truppe unterstellt ist. Das soll aber nicht heißen, daß er sich nun immer in seiner Nähe aufhalten oder an seine Truppe gebunden erachten müßte. Er stellt sich dort auf, von wo aus er sich ein richtiges Bild über das Gelände, den Feind und die Gefechtslage machen kann. Er beobachtet persönlich und läßt durch die Offiziere seines Stabes sowie die Ordonnanzoffiziere beobachten, indem er sie zur Aufklärung der Verhältnisse des Geländes und beim Feinde in den Richtungen, in denen er wahrscheinlich zu kämpfen haben wird, vorsendet.

133. Beim Ansetzen einer Attacke sorgt er, sofern dadurch nicht der für die Attacke günstige Augenblick versäumt wird, stets für Anlehnung eines Flügels seiner Truppe an irgend ein Hinderniß im Gelände oder an befreundete Truppen. Ist das nicht möglich, so fällt diese Aufgabe ganz und gar der Artillerie zu.

134. Hat ein Kavalleriekörper außerhalb des feindlichen Feuerbereichs ein Defilee zu durchschreiten, so verfährt er mit Schnelligkeit.

Muß er dagegen den Durchgang durch ein Defilee ohne Unterstützung durch die eigene Infanterie erzwingen, so greift die Artillerie im Verein mit abgesessenen Kavalleristen, sofern das Gelände es gestattet, an, um den Feind vom Defilee zu verjagen. Ist dies erreicht, so geht die Kavallerie im Galopp durch das Defilee, stellt die Ordnung jenseits wieder her und setzt unverzüglich zur Attacke an, der sie eine solche Richtung zu geben strebt, daß sie im Falle des Mißerfolges nicht zum Zurückgehen durch dasselbe Defilee genöthigt ist.

135. Hat man ein Defilee zu vertheidigen, so besetzt man entweder das Defilee selbst mit abgesessenen Schwadronen unter dem Schutze der Artillerie, oder man nimmt, wenn dies mit Rücksicht auf das Gelände nicht möglich ist, dahinter Stellung und zwar derart, daß man die Spitze der feindlichen Kavallerie in dem Augenblick des Debouchirens aus dem Defilee und bevor sie noch Zeit zum Aufmarsch gehabt hat, attackiren kann. Die zweckentsprechend aufgestellte Artillerie trägt durch ihr Feuer zum Erfolge der Attacke bei.

136. Soll ein Kavalleriekörper sich durch ein Defilee zurückziehen, so muß er sich durch kurze und entschlossene Attacken so viel Raum vor dem Defilee schaffen, als er zur Durchschreitung desselben nöthig hat. Die Artillerie geht zuerst hindurch und nimmt jenseits Stellung, um durch ihr Feuer zum Zurückhalten des etwa verfolgenden Feindes beizutragen. Allemal, wenn die Gefechtslage und das Gelände es gestatten, kann der Rückzug durch ein Defilee vermittelst abgesessener Schwadronen erleichtert werden.

137. Die Bewaffnung der Kavallerie mit dem Karabiner (moschetto) und die Ausbildung im Gebrauch desselben machen sie für gewisse Fälle unabhängig von den anderen Waffen, geben ihr eine

gewisse Defensivkraft und gestatten ihr gleichzeitig die Ausführung kühner Unternehmungen, so auch ihre Offensivkraft erhöhend.

138. Das Gefecht zu Fuß ermöglicht ihr die Erfüllung von Aufträgen, die sie zu Pferde nicht übernehmen könnte.

So z. B. kann die Kavallerie abgesessen ein vertheidigtes Defilee nehmen und dadurch eine lange Umgehungsbewegung vermeiden;

sie kann dem Feinde in der Besetzung wichtiger Oertlichkeiten zuvorkommen und sich darin halten, bis die eigene Infanterie heran ist;

sie kann beim Rückzuge den Feind aufhalten und ihn zur Entwickelung zwingen, womit Zeitverlust für ihn verbunden ist;

sie kann andere Kavallerie decken, die durch ein Defilee zurückgehen muß;

sie kann erforderlichenfalls die eigenen Kantonnements vertheidigen, um dadurch Zeit für das Aufsitzen zu gewinnen.

139. Das Gefecht zu Fuß ermöglicht außerdem einem starken mit reitender Artillerie versehenen Kavalleriekörper, dem es gelungen ist, die Flanke oder den Rücken des Feindes zu gewinnen, sein Eingreifen dem Gegner auch dann fühlbar zu machen, wenn das Gelände für das Gefecht zu Pferde ungeeignet ist. Dieser Umstand, im Verein mit der Befähigung zu raschem Ortswechsel, erhöht den Werth der Kavallerie auf dem Schlachtfelde um ein Bedeutendes.

140. Das Gefecht zu Fuß ist für die Kavallerie ein stets anzuwendendes Auskunftsmittel, wenn sie ihren Zweck durch Gefecht zu Pferde nicht erreichen kann. Sie verfügt nicht über die Mittel zu einem langdauernden Feuergefecht; daher muß sie in der Mehrzahl der Fälle eine rasche Entscheidung anstreben und zwar vor allen Dingen durch Ueberraschung, mit der eine Steigerung des moralischen Erfolges verbunden ist. In der Regel muß sie vom Beginn des Eingreifens an alle ihre Kräfte einsetzen. Erreicht sie damit ihren Zweck nicht, so kann sie vermöge ihrer Beweglichkeit sich einer unvortheil-

haften Lage bald entziehen und rasch auf einem anderen Punkt eingreifen.

Nichtsdestoweniger muß sie aber auch, wenn der Gefechtszweck es so von ihr verlangt, im Gefecht bis zum Fallen der Entscheidung ausharren.

141. Man darf jedoch nicht einen Augenblick vergessen, daß die wirksamste Fechtweise der Kavallerie das Gefecht zu Pferde ist, und daß sie daher zum Fußgefecht nur schreiten darf, wenn der Gefechtszweck und das Gelände ihr Auftreten zu Pferde nicht zulassen.

Auf jeden Fall muß die Kavallerie, zu Pferde wie zu Fuß, stets bestrebt sein, in das Gefecht einzugreifen; sie unthätig lassen, ist der größte Fehler, den ihr Führer begehen kann.

Alphabetisches Inhalts-Verzeichniß.

(Die Zahlen bedeuten die fortlaufenden Nummern.)

Abgeschlagener Angriff 49.
Abstände: s. u. Treffengliederung.
Aktive Vertheidigung 65.
Angriff 26—64.
Angriffsrichtung 52—54.
Anlauf 39.
Arrieregarde 1, 4.
Artillerie 16, 27—29, 36, 42, 43, 70, 71, 77, 84, 86, 89, 96, 105, 122—130.
Artilleriebedeckungen 29.
Artilleriekommandeur 22.
Artilleriestellungen 28 Anm.
Aufmarsch zum Angriff 31.
Avantgarde 1, 2, 11—18, 67, 68.
Avantgardenkommandeur 2, 6, 13, 15.

Defensive 65—91.
Defensives Gefecht 79—84.
Defilees 134—136.
Division auf dem Flügel: Angriff 50, 51; Vertheidigung 86—88.
Division im Verbande: Angriff 26 bis 49; Vertheidigung 65—85.
Division (selbstständige): Angriff 52—64; Vertheidigung 89—91.
Divisionskavall,erie 2 57—64.
Divisionskommandeur 7, 22, 23, 25e, 48.

Einbruch in den Feind 44, 45.
Einleitung des Gefechts 16.
Entfernungen für Infanterie- und Artilleriefeuer 16, 36, 46.
Entwickelung des Gros 20 Anm.

Fernfeuer der Infanterie 46, 78.
Festhalten am Entschluß 48.
Feuerdisziplin 46.
Feuerstation 38.
Flankenangriffe: eigene 53, 55, 56; feindliche 8 Anm.
Frontalangriff 53.
Frontbreiten 30 Anm., 31, 72.
Fußgefecht der Kavallerie 137—141.

Gefecht der Avantgarde 25.
Gegenoffensive 106.
Genie-Kompagnie 18.
Gleichzeitigkeit des Angriffs 39, 41.
Gros der Division 1, 19—25.

Hinhaltendes Gefecht 10.

Infanterie 30—34, 72—75, 78—83, 87, 90.
Infanteriefeuer 46.
Infanterie im Artilleriefeuer 37.

Kavallerie 1, 2, 8—10, 17, 35, 47, 48, 57—64, 69, 76, 85, 88, 91, 95, 100, 107—141.
Kavallerie-Attacken 48, 60—63, 108—121.
Kavallerie-Division 107—141.
Kavallerieführer 131—133.

Marschordnung 1—7, Tafel II.
Meldungen 9, 13.

Offensive: vergl. „Angriff.“ Vortheile der O. 26.

Ralliiren der Truppen 44.
Reitende Artillerie 122—130.
Rückzug 101—106.

Schützengräben 92.
Sprungweises Vorgehen 38.
Standort des Führers im Gefecht 48.
Stellungen außerhalb der Berührung mit dem Feinde 92—99.

Treffengliederung: Infanterie 31 Anm., 32, 33, 40, 41, 54, 73—75, 90; Kavallerie 61, 108—121.

Verfolgung 47, 85, 100.
Verpflichtung der Kavallerie zum Eingreifen 64.
Versammlung des Gros 21, 24, Tafel III.
Vertheidigung: vergl. unter „Defensive.“
Vertheidigungseinrichtungen 18.
Vertheidigungsstellung 73, 92—99.
Vorbereitung des Angriffs 37.
Vormarsch auf den Kanonendonner 52.
Vorposten bezw. vorgeschobene Posten 96—98.

Zeitfracht Medien GmbH
Ferdinand-Jühlke-Straße 7
99095 Erfurt, Deutschland
produktsicherheit@kolibri360.de